桥梁施工与工程项目管理

郭立军　王永伟　王春侃　著

吉林科学技术出版社

图书在版编目（CIP）数据

桥梁施工与工程项目管理 / 郭立军，王永伟，王春侃著． -- 长春：吉林科学技术出版社，2021.6（2023.4重印）
　　ISBN 978-7-5578-8314-0

　　Ⅰ．①桥… Ⅱ．①郭… ②王… ③王… Ⅲ．①桥梁施工－工程项目管理 Ⅳ．①U445

　　中国版本图书馆 CIP 数据核字（2021）第 122287 号

桥梁施工与工程项目管理
QIAOLIANG SHIGONG YU GONGCHENG XIANGMU GUANLI

著　　者	郭立军　王永伟　王春侃	
出 版 人	宛　霞	
责任编辑	宿迪超	
封面设计	李　宝	
制　　版	宝莲洪图	
幅面尺寸	185mm×260mm	
开　　本	16	
字　　数	230 千字	
印　　张	10.5	
版　　次	2021 年 6 月第 1 版	
印　　次	2023 年 4 月第 2 次印刷	
出　　版	吉林科学技术出版社	
发　　行	吉林科学技术出版社	
地　　址	长春净月高新区福祉大路 5788 号出版大厦 A 座	
邮　　编	130118	
发行部电话 / 传真	0431—81629529　　81629530　　81629531	
	81629532　　81629533　　81629534	
储运部电话	0431—86059116	
编辑部电话	0431—81629520	
印　　刷	北京宝莲鸿图科技有限公司	
书　　号	ISBN 978-7-5578-8314-0	
定　　价	45.00 元	

编者及工作单位

主　编

郭立军　中铁二十二局集团第一工程有限公司

王永伟　中铁二十二局集团第一工程有限公司

王春侃　中铁二十二局集团第一工程有限公司

前　言

　　桥梁工程建设作为基础交通的重要组成部分，其工程建设由于某部分大型构建的特殊性，其制造可能处于不同的地点，安装施工又在其他地区，即使是在同一地区，其施工现场也处在不同的位置；或者是在同一个施工现场的不同单位工程，又或者是相同单位工程的不同施工部位，因此桥梁工程施工始终在各施工生产地区之间、各施工工地之间、单位工程的不同部位之间进行流动。公路桥梁工程项目施工受地区环境的影响非常大，不同地区桥梁建设的结构类型、构造材料、施工方案以及施工环境各不相同，具有较强的地域性特点。

　　设计工作是桥梁建设质量的关键因素，因此要注重强化设计管理工作。在公路桥梁设计工作中，设计人员要认真负责，摒弃按照自己所谓的"经验"进行设计的不良习惯，要注重对桥梁建设的地质、水文和气象信息进行调查研究，客观的进行桥梁设计。设计中要对单个结构部件和桥梁整体构造的稳定性分别进行反复计算和验算，确保桥梁单个部件的承重能力和整体结构的稳定性，不留有安全隐患。设计完成后，有关部门要组成独立的专家评审团，对桥梁结构、安全性和稳定性进行验证，保证桥梁的建设质量。

　　在公路桥梁建设项目施工中，工程监理担负着质量管理的重要责任。为此，项目监理工程师要每天深入施工现场，对每一个施工环节进行认真的监督检查，发现质量问题和安全隐患，立即下达监理质量监管责任书并责令停工整改，施工单位在整改过程中，监理工程师要在现场实施监督。监理单位要对项目施工现场监理工程师进行定期轮换，以防时间过长与施工单位达成私下交易，对工程项目施工带来安全隐患。同时管理部门要建立工程项目监理终身负责制和安全责任追究制，对所监管项目的质量和安全性实行终身负责。

　　桥梁建设工程项目管理是一项十分复杂的工作，涉及多个部门和单位，需要由勘察设计单位、建设单位、施工单位和监理单位共同负责，因此要建立健全分工责任制并层层落实，各权力单位要分工合作，认真负责，确保工程建设的质量和进度，为推动区域社会经济发展做出应有的努力。

目　录

第一章　桥梁施工的理论研究

第一节　桥梁施工中常见问题

在多元化发展的今天，城市基础建设随之成为促进我国城市化发展的有效途径之一。桥梁不仅是城市基础建设代表，更是城市建设中非常重要的交通建筑，所以，桥梁施工得到了人们的高度重视。然而，就实际情况可知，桥梁施工中仍存在有许多问题。因此，本节将通过对桥梁施工中常见的问题分析，给出针对性地预防措施，促进桥梁使用寿命提升。

近年来，随着我国新时代社会经济的迅速发展，带动了我国桥梁的建设。纵观桥梁施工现状可知，相对以往桥梁施工虽然有了很大的提升，但不可否认是的现阶段桥梁施工中仍存在有许多问题。这些施工问题若不能得到及时解决势必将影响到桥梁的施工进程与最终质量。针对桥梁施工中常见问题及预防措施，本节首先对桥梁施工中常见的问题进行分析，其次在根据这些问题给出具体的预防措施，进而提高桥梁的安全性与可靠性。

一、桥梁施工中常见的问题

当前，桥梁施工中常见的问题主要体现在：①混凝土裂缝问题。纵观我国现阶段的桥梁施工可知，混凝土是其中不可缺少的一部分，但与此同时也是容易让桥梁施工出现问题的主要因素之一。之所以这样说，其原因主要在于：桥梁施工中的混凝土一旦出现裂缝问题，混凝土强度就将受到影响，其承载力也逐渐下降，最终不仅会给桥梁施工的整体美感带来不良影响，而且会让桥梁结构的强度与刚度变得越来越弱，进而影响到桥梁的正常应用。当前，混凝土在桥梁施工中的使用通常具有普遍性，这往往与混凝土原材料质量、施工工艺以及养护等内容有着直接联系。例如：在桥梁施工中，如果混凝土原材料中水泥与骨料之间的性能相差较大，在浇筑中将很容易出现因振动存在过猛或不足的情况，混凝土结构存在不均匀与局部骨料发生塌陷的情况。②桥梁钢筋因生锈而被腐蚀的问题。在桥梁施工中，钢筋的使用时长通常对桥梁自身的使用寿命有着很大的决定作用。由于桥梁所使用的钢筋一旦出现生锈，并因生锈发生腐蚀现象，就会严重影响都桥梁的使用性能与使用寿命。因此，桥梁钢筋锈蚀也是桥梁施工中常见的问题。另外，经研究调查可知，导致桥梁结构受到破坏的原因大都源于桥梁钢筋锈蚀。在桥梁结构中，混凝土好比钢筋的保护层，混凝土表面一旦出现裂缝，或者是细微的孔隙，就会让氧化物轻易进入混凝土内部，并对混凝土内部保护的钢筋造成不同程度上的锈蚀，再加上外界还存在有许多不良环境，而这些不良环节会加剧钢筋锈蚀，进而影响到桥梁的安全使用。可见，混凝土裂缝问题与桥梁钢筋锈蚀问题是环环相扣的，必须立刻采取有效措施预防，才能保证桥梁施工顺利进行。③桥梁铺装层脱落问题。桥梁铺装层对道路交通正常运行有着十分重要的意义，然而当前我国道路交通仍存在有超重、超载的现象。该现象的存在无疑使得桥梁铺装层承受过量的荷载冲击。若桥梁施工中不对质量进行严格控制，那么桥梁铺装就会出现脱落的现象，再加上铺装层在施工的过程中占据的比例较大，在施工的过程若不对其质量进行严格控制，尤其是施工工序的质量控制，势必将导致铺装层出现裂缝与脱落现象，进而影响车辆正常运行。

二、桥梁施工中的预防措施

由上述可知，桥梁施工中存在的这些常见问题若得不到有效解决将严重影响到桥梁的发展，因此，必须采取有效措施对其进行预防。具体做法如下：①混凝土裂缝预防。为预防混凝土出现裂缝问题，施工人员可从以下几个方面进行：首先，将混凝土构件最大裂缝宽度控制在 0.2 毫米，在通过温度裂缝计算后，采取隔热对混凝土进行设计。其次，需要在充分考虑混凝土结构位置的情况下，选择合理的混凝土强度等级。最后，可采用适当的模式对混凝土配筋率进行计算，从材料性能与结构形式等方面出发，使用综合措施避免混凝土裂缝出现。总之，在桥梁施工中，混凝土裂缝问题是不可避免的，但是施工人员可以根据施工现场混凝土裂缝出现的具体情况及产生的原因，采取针对的预防措施，降低混凝土裂缝大小，将桥梁工程损失降到最低，保证桥梁后期的安全使用。②桥梁钢筋锈蚀的预防。由上述可知桥梁钢筋与混凝土是密不可分的，若混凝土裂缝一旦形成，那么桥梁钢筋必将发生锈蚀。因此，做好桥梁钢筋的预防措施同样十分重要。首先，可在桥梁施工的过程中适当增加混凝土对钢筋的保护层厚度，或者是选择高性能混凝土，通过少量硅灰、粉煤灰等矿物掺和料的掺入，提高混凝土本身的密实性。其次，在施工过程中应尽可能降低混凝土微观或者是宏观裂纹出现。最后，可通过在混凝土表层涂抹覆盖层、渗透层等，保证桥梁钢筋不会裸露在外面。③桥梁铺装层的预防措施。经研究调查，弯曲开裂都是桥梁铺装层时常发生的现象，而这些现象所带来的问题不言而喻。因此，在施工的过程中必须加大对铺装层的厚度控制，尽可能选择 PMCC 弯曲韧性能较好的铺装材料。其次，在铺装施工的过程中，应做好防水层施工工作，保证铺装完成后不会出现渗水情况。之所以这样说，其原因主要在于：铺装层一旦发生渗水现象，就会导致铺装层出现脱落，进而给人们的出行带来诸多不便。最后，在面对冬季较冷的情况时，施工人员可通过对柔性沥青混凝土在桥梁铺装层上的应用，预防桥梁裂缝问题出现。以上就是桥梁施工中的预防措施，有关人员需要对其加以重视，进而在提高桥梁工程效率的同时，保证桥梁后期使用时的安全性与可靠性。

总而言之，随着新时代社会经济的快速发展，桥梁施工逐渐得到了人们的高度重视。通过上述对该方面内容的深入研究可知，混凝土裂缝、桥梁钢筋锈蚀以及铺装层脱落等都是桥梁施工中常见的问题，这些问题若不能得到及时解决，势必将影响到桥梁的最终施工。因此，施工人员必须采取有效措施预防，保证桥梁施工顺利进行。

第二节 桥梁施工的质量监督

桥梁工程项目属于周期性的大型系统工程。因此，做好桥梁施工质量监督管理控制非常关键。基于此，立足于实践，在分析公路桥梁施工质量监督管理控制意义的基础上，对公路桥梁施工中质量监督要求进行讨论，总结分析了公路桥梁施工质量影响因素，最后对桥梁施工的质量监督与控制工作方案进行解析。希望探究后可以给此类项目提供借鉴。

公路桥梁项目建设施工周期很长、难度高且施工环境复杂，施工技术的先进性和管理水平对工程的质量产生直接影响。公路桥梁的安全性、合理性施工会给工程质量的提升起到促进作用。因此，根据工程的实际情况，加强公路桥梁施工质量控制，保证其满足交通运行的需要，为我国公路事业的稳步发展起到一定的促进作用。

一、公路桥梁施工管理的意义

公路桥梁建设包含多个学科的内容，对管理和技术都有着较高的要求。公路桥梁建设中，最重要的管理工作就是施工质量的控制，把施工的风险降到最低限度内。施工质量管理就是要做好各个环节的监督与控制。质量监督管理人员需要掌握全部的信息，分析质量问题的影响因素，确定是否存在质量问题，然后展开必要的管理和控制。

二、公路桥梁施工中质量监督要求

（一）合同图纸

一般来说，合同图纸具体由以下几个方面的内容所组成：其一，相关施工步骤；其二，参数数据；其三，施工技术图表说明。监理人员开展具体工作时，要做好发现和控制各项质量问题，根据设计图纸开展具体工作。如果存在任何问题，及时处理，保证工程的质量不会存在任何问题。

（二）技术规范

桥梁工程的监理环节中，技术规范是处理工作的依据，也是开展工作的基础。而监理对于提升工程质量、保证工程安全有着极为重要的影响，技术规范中明确了具体的施工技术标准和要求，对材料、工艺、设备都要严格控制，使各项基础要求都符合标准，达到工程的具体要求。

（三）质量标准

一般来说，桥梁工程项目中合同是质量要求的基础，多数都是通过数字形式表现出来的。监理工作人员如果在工作开展中，一旦发现有任何质量问题，都要与合同中的要求做对比，明确具体的不足和缺陷，进行有效处理，提升工程质量。

三、公路桥梁施工质量影响因素

（一）人为因素

公路桥梁施工项目的复杂性比较高，主要是因为施工阶段有着较高的复杂性，涉及的内容繁多，专业要求比较高。公路桥梁中，施工质量影响因素比较多，最主要的影响因素就是人员因素，施工人员的专业素质、水平以及经验等都会给施工质量造成影响，而现场的人员管理也就尤为关键，如果施工人员不能遵守现场管理制度和标准，这些都会给工程质量造成影响。因此，桥梁工程施工环节，人员素质的提升是重要的一部分工作。

（二）客观的自然因素

公路桥梁项目建设施工环节，极易受到很多外部因素的影响，混凝土浇筑就是极为关键的部分，对于工程质量的影响最为直接。如果施工环境温度比较低就会造成混凝土施工质量不合格。因此，公路桥梁施工中应该做好自然因素的控制，结合项目施工标准和要求进行合理的预测，对可能发生的事故制定出有效的应急预案，确保桥梁工程项目顺利进行，为桥梁工程质量提升奠定坚实的基础。

（三）材料因素

公路桥梁项目的实施中，施工质量是任何工作的基础条件，原材料的质量会给工程质量造成直接的影响。如果在施工中没有积极做好各项材料质量管理和控制工作，或者在实施环节选择使用劣质施工材料，道路桥梁稳定性与安全性难以满足要求，也会引发严重的安全事故问题。因此，公路桥梁在施工质量管理中，要做好材料的质量管理和各个环节的管控，有效预防严重的材料缺陷问题，提高工程的质量水平。

（四）机械设备因素

公路桥梁项目实施阶段，机械设备的应用是非常重要的，会给桥梁的质量造成直接的影响。在具体的工程实施环节，如果机械设备处于故障的运行状态中，会对作业的效率和水平存在不利影响，也会给项目的运行产生很大的安全隐患。机械设备会给工程的质量造成影响，因此，要做好施工环节的管理，随时控制该因素，提升管理水平。

四、公路桥梁施工常见质量问题

结合当前实际情况分析，公路桥梁项目的实施环节最主要的问题是以下几个方面：

（一）钢筋混凝土桥梁裂缝问题

公路桥梁很多都是采用钢筋混凝土结构形式，该结构的优势非常的明显，但是也存在一定的缺陷，比如抗拉能力不足、水化热比较严重等。所以在具体的施工中会导致裂缝问题的出现，而裂缝出现后在外部载荷过大的影响之下逐步扩展，最终造成水汽等进入到结构内，发生化学反应，给公路桥梁造成极大的安全隐患。

（二）路面与桥梁连接处质量问题

公路桥梁项目的实施环节，路面和桥梁的连接位置上存在严重的质量问题，驾驶人员在该位置上行驶舒适度比较差，还会出现桥头跳车等严重的问题，这样会使连接位置上出现错台等情况。此外，桥梁与路基的膨胀性和材料的刚性有着明显的差异，这种情况下会出现下沉问题，极大地影响公路桥梁的质量水平。

（三）管理中存在的问题

监管是整个项目中重要的工作，如果没有进行必要的监管控制，会导致很多问题的存在，不仅造成施工进度无法保证，还会导致工程的质量难以满足要求。比如，由于施工人员专业素质水平比较低，现场施工复杂性比较高，没有采取必要的监管控制措施，极易出现质量问题，诱发严重的安全问题。

桥梁工程项目在建设中涉及的专业人员和施工单位也比较多，有些素质较低的人员混杂其中，导致施工整体效果比较差。在项目施工中，很多都是农民工，这一群体的缺陷就是素质较低，施工人员素质无法达到要求，还有就是管理人员责任心不足，不能有效控制各个施工环节，造成质量问题的出现。

企业没有建立完善的技术管理制度，管理人员责任心比较差，有些投机取巧者会通过损坏工程的利益来获得自己的非法利益。比如偷工减料、以次充好等，这些行为极大地影响工程的质量和施工进度，造成非常巨大的损失，产生的影响也比较大。此外，现有的技术管理制度针对性不足，管理范围不足也是导致工程出现质量问题的关键。

（四）施工过程中存在的问题

公路桥梁质量对各个环节都会产生影响，所以进行全面控制就尤为重要，但是当前依然有很多问题存在，具体如下所示：

没有采取必要的管理策略和方法。在这种条件下如果管理中存在问题会造成严重的影响，施工单位过度关注经济效益而忽视质量与安全的控制，导致现场极为混乱。

压缩工期、材料不达标等情况比较容易出现，造成严重的安全、质量问题。

五、公路桥梁施工质量控制与管理措施

（一）做好地形勘查与探测工作

公路桥梁施工质量是非常重要的。要想提升工程的质量，首先要做好定期的调查和勘测工作，就是在设计开始前充分了解土质情况，根据勘查结果了解具体的地理条件和位置信息，做好各项技术参数的统计分析，最大限度内提升设计方案的总体水平。其次在该环节中，应该注意的是操作步骤和标准，选择精确度水平比较高的检测仪器和设备，掌握必要的数据信息，更好地保证公路工程的总体质量水平。最后，在该工作有序落实下，提高设计水平，结合项目的实际情况进行必要的管理和控制，最终可以让工程的质量满足要求。

（二）对施工材料与设备加强管理

施工材料无疑是桥梁工程实施的基础，对施工的材料进行质量管理和控制是必不可少的。首先，材料的采购环节，要选择信誉度高、技术水平高的供应单位提供施工材料，提升工程材料的水平；其次，材料进入到施工现场前要做好全面地检验，保证质量达到标准要求后才能进入到施工现场。此外，做好设备的管理和控制，在任何设备投入施工前进行试运行，保证设备运行更加安全稳定，禁止存在任何安全隐患。

充分了解钢筋混凝土施工要点，总结各个关键要素，结合实际情况制定出切实可行的方案，做好各项管理和控制。在具体的实施阶段，如果没有进行必要的技术控制，会造成严重问题的出现。比如各个结构部分强度不足等，尤其是特殊情况的影响，一旦没有控制好会出现坍塌的事故，造成巨大的损失。

要积极分析混凝土施工情况，做好混合料的配比控制，在拌制环节控制好时间，选择最佳方式，提升混凝土材料质量水平，为后续施工提供良好的基础条件。

（三）加强工程质量验收

要想保证桥梁工程的质量合格，质量验收是极为重要的一项工作，也是最终的环节。在该环节中，各个单位的人员要投入到质量检查中，根据设计方案和技术标准的要求，结合各个施工环节过程的记录积极开展质量检验和控制。只要是存在任何的质量问题都要及时反馈给施工单位，并且做出有效地整改和返修，提高桥梁的质量水平。在该阶段，验收人员应该对设计方案和施工现场的情况做出对比分析，根据国家标准和规范进行具体的工作，提升工程质量，确保桥梁的应用达到交通运行的标准。

（四）提高相关人员专业水平

在国外，一家名为 Blackboard 网络学习平台创新性地提出了"学生预警中心"，根据教师提前设置的数据分析阈值对学生的学习状况向课程教师实时预警，以方便教师及时发现问题，避免问题的进一步恶化。在国内，运用大数据分析评价学生的学习发展潜能的技术还不够成熟，目前只有少数机构能够利用大数据技术实现学生的个性化教学。

（五）创建完善的管理制度

质量控制的落实需要有成熟的施工技术以及完善的管理制度作为支持，有效约束各个部门以及人员的行为。从施工管理人员方面进行分析，要具备一定的专业素质，在施工现场进行灵活管理和控制，面对工程变更不慌乱，有序组织进行各项工作。施工人员对于工程的影响比较直接，要积极学习先进知识和管理措施，掌握先进施工技术。同时，施工企业也需要积极提升人员的薪酬和待遇，进行必要的奖励，提升人员学习和工作的积极性，主动参与到工程质量与安全的提升中，确保工程的质量合格。

综上所述，道路桥梁工程主要的特点就是施工难度很高、复杂性比较高，极易受到外部因素的影响，所以在工程实施中极易存在严重的质量问题。比如裂缝、钢筋腐蚀、桥头跳车等，这就需要加强各个施工环节的管理和控制，做好必要的质量管控，避免这些质量问题和缺陷，更好地提升公路桥梁项目施工质量和效率，积极促进我国桥梁领域的发展，带动交通事业稳步发展。

第三节　桥梁施工中裂缝的原因

随着我国社会经济的发展，道路桥梁企业迎来了发展机遇的同时，也迎来了更多的挑战，各道路桥梁施工企业只有不断提高自身的施工技能，对引发裂缝的原因进行分析，加强对施工裂缝的控制，才能在提高道路桥梁工程结构的稳定性的同时，提高道路桥梁工程整体的施工质量。

一、桥梁施工中混凝土裂缝的危害

桥梁建设对交通行业的发展有着重要的意义，在经济快速发展的背景下，桥梁工程的施工质量要求也逐渐提升。施工中，混凝土裂缝是比较普遍的问题，影响了混凝土结构的稳定性。

产生裂缝后，水及空气等会进入混凝土裂缝中，对桥梁结构的性能造成影响。同时，当内部的金属发生反应时，会使金属的氧化及腐蚀问题变得更加严重，难以保证桥梁结构的强度。桥梁混凝土裂缝的产生会使雨水进入桥梁结构的内部，造成承重能力降低的情况，在温度较低的条件下，雨水会出现冻胀的情况，造成裂缝变大，影响了桥梁结构的安全性。此外，桥梁混凝土裂缝会引起混凝土结构碳化反应，在水与二氧化碳混合的过程中形成碳酸钙，影响了混凝土结构的性能。

二、道路桥梁施工中裂缝成因分析

（一）设计问题

根据桥梁工程出现的裂缝研究发现，与道路桥梁施工设计存在较大的联系。换言之，在设计阶段出现失误，将会影响着后续的施工，造成了的裂缝的出现。其原因具体主要体现在以下几个方面：

①结构设计不合理。这就造成了桥梁结构受力不均衡，该问题的出现，在很大程度上对结构造成损坏，导致裂缝出现。②准备工作不到位。在道路桥梁设计过程中，设计者并没有预先组织人员进行实地勘察，做好设计前期的准备工作，使得设计方面存在一定的误差，导致设计实用性出现问题，最终难以实现设计的最佳效果。③设计图纸标注不明确。在实际的施工过程中，相关施工人员按照图纸进行作业，一旦对图纸理解偏差，将会对后续的施工产生影响，进而造成道路桥梁出现裂缝问题。

（二）施工原因

从道路桥梁施工裂缝角度来分析，其裂缝的出现与施工阶段有着密切的联系，在实际的施工过程中，往往存在诸多导致裂缝出现的原因，具体主要体现在以下方面内容。①施工材料作为道路桥梁施工的基础，能否保证材料的质量，直接影响着桥梁是否出现裂缝。其中混凝土材料与沥青材料作为其主要的原材料，如果这两种材料出现质量问题，将会导致裂缝出现。②在实际的施工过程中，如果施工人员操作不规范，没有按照相关标准规定进行操作，导致施工质量不过关，道路桥梁出现施工裂缝。③技术手段出现失误，或者具体技术标准存在误差，同样会造成裂缝问题。

三、预防道路桥梁施工中裂缝的对策

（一）合理的控制载荷

道路桥梁工程在施工的过程中，设计方案对整个施工质量起着重要的作用，工程设计人员一定要根据道路桥梁工程的等级、用途等确定工程最佳的荷载量。但是在确定荷载量的过程中，设计人员一定要详细的考察施工现场的具体情况，对工程的设计方案进行不断的优化，对道路桥梁工程区域内的情况详细的分析，如地质地形、土壤、水文、环境、气候、温度等，将其综合的分析，科学合理的布局工程的荷载量。一般情况下，道路桥梁工程的荷载与多个方面的因素有关，所以，设计人员要从多个方面着手，加强对荷载量的控制，避免道路桥梁工程荷载量超过工程荷载量的极限值，还要对荷载裂缝形成的原因进行分析，并根据分析的结果采取相应的治理对策和控制方式。如在道路桥梁施工过程中，可采用预应力法、锚固补充法等对混凝土结构进行加固，在提高道路桥梁工程结构稳定性的同时，增强道路桥梁的承载力，避免裂缝的出现。在设计方面，道路桥梁工程企业还应对设计方案的经济性和技术性进行评估，选择出最为适合本项目的设计和施工方案，减少工程施工中裂缝的出现，进而提高道路桥梁工程的施工质量。

（二）加强对施工材料的控制管理

在道路桥梁施工过程中，原材料的质量是非常重要的，其对裂缝及工程质量均有着极其重要的影响，这就要求施工人员在施工中，对材料做好把关，相关工作人员要加强对工程施工原材料质量的控制，项目采购人员要结合项目的具体情况及市场材料的情况，结合本道路桥梁工程设计图纸的要求，对原材料的质量进行严格的把控，选择性能、质量均较优的原材料，还要保证其价格能够控制在预计范围内，从源头上加强对道路桥梁工程质量的控制。施工中水泥的水化热过大是引发裂缝的主要原因，水化热的程度与混合料的掺量呈现为反比例关系，只有减少水泥的用量，才能降低混合料的水化热，因此，施工人员在施工之前，就要先对水泥的水化热进行测试，确定达标后再使用。除了水泥，骨料的选择也是非常重要的，质量合格的骨料其含泥量越低，热膨胀系数也越低，其出现裂缝的概率也就越小。

（三）加强对施工温度的控制

温度裂缝在道路桥梁工程中比较常见，这也就要求施工人员在施工中要根据道路桥梁工程的具体情况，对施工中可能会出现的情况进行详细的分析，尤其是由温度所导致的裂缝问题，严格遵循各种施工标准要求，如加强对温度的控制，尽量将施工温度之间的差异性降到最低，从而将温度的变化对道路桥梁工程造成的不利影响降到最低。如施工人员配制混凝土时，需要结合工程设计图纸中的具体要求，对混凝土的配比情况进行科学、合理的控制，尽可能地降低混凝土内部与外部之间的温度差，避免或者减少水泥水化热反应事件的发生，因此，对混凝土施工温度的控制对减少温度引发的混凝土裂缝的发生有着极其关键的作用。

桥梁工程建设中主要采用的材料为钢筋混凝土，由于这种材料具有较大的强度，能够满足桥梁施工的稳定性需求，因此在施工中得到了广泛的应用。当前，在一些桥梁工程中，钢筋混凝土裂缝问题逐渐增多，这种情况对桥梁自身的结构带来了不良的影响，同时导致桥梁质量降低，难以保障桥梁使用的安全性。因此，为了有效解决桥梁工程建设中的裂缝问题，应对施工过程进行改善，注意关键环节的施工效果，提升建设的质量。

第四节　桥梁施工混凝土工艺

通过介绍混凝土工艺质量对于桥梁施工的意义，探究桥梁施工中常见的混凝土质量问题，并且阐述桥梁施工过程中对混凝土工艺质量产生影响的主要因素，进而提出合理的质量控制建议，以期为相关施工部门提供可靠的参考。

桥梁工程是目前我国交通基础设施建设中十分重要的一部分，各种类型的桥梁在特殊地形中都发挥了极其重要的作用，给人们的出行带来便利，是国民生活中不可或缺的一部分，因此其质量十分重要。桥梁的修建多是为了跨越水系、峡谷等特殊地形或城市道路中的拥挤路段，在使用过程中经常受到日晒高温、风吹雨淋甚至是地震等自然灾害的威胁，这些情况会给桥梁的稳定性和安全性带来挑战，而影响桥梁稳定性和安全性的重要因素就是施工质量。本节以桥梁施工过程中混凝土工艺及质量控制为要点，简要分析混凝土工艺在桥梁施工过程中易出现的问题及解决办法，希望能为我国的桥梁建筑事业带来一些理论上的支持。

在目前的技术环境下，桥梁工程的建设中出现的问题几乎都能在第一时间被发现，通过收集数据信息，利用网络和计算机进行分析处理，能够对施工现场的勘查、管理甚至是最后的验收工作起到辅助作用。当施工过程中确实存在问题时，还能够及时发现问题并找到解决问题的关键，以下是施工过程中一些常见的问题。

桥梁的安全性关系到人们日常出行时的安全，同时作为交通基础设施中不可或缺的一环，在施工过程中更应该对施工质量和安全性进行高强度的监控，避免因质量问题，出现各种事故，造成人民群众的生命财产损失，带来严重的后果。

在桥梁工程中，比较多发的质量问题是桥梁施工中使用的混凝土出现裂缝。桥梁上出现混凝土裂缝对于整个桥梁工程来说有着不小的影响，裂缝的出现会大大降低整座桥梁的强度，并影响其承载力，当载重较重的车辆从桥上经过，或是遇到地质灾害时，桥梁上的裂缝就容易进一步损坏，当损坏程度过大时极易发生严重的事故。造成桥梁出现裂缝的主要原因在于建设施工时，使用的混凝土原料质量没有达到规范要求的标准，或者在施工过程中，混凝土的施工工艺存在问题。

在原料质量方面，除了工程材料采购人员在采购时要选择质量符合标准的混凝土原料和其他工程材料以外，对于已采购到的原料要分类别进行的妥善的存储，例如干粉类原材料要保证环境的干燥；钢筋等材料要避免环境潮湿，避免光线直射，这些因素都有可能影响材料在混凝土浇筑后的安全性和稳定性。而在进行混凝土搅拌时，技术人员不够专业使得原料的配合比不达标，也会造成混凝土的质量存在问题，在后期桥梁投入运行后造成质量隐患。

从施工工艺上来看，施工过程中对技术的交底不到位也是导致桥梁运行阶段出现裂缝的重要原因。例如在混凝土浇筑过程中，由于振捣工序中振捣的力度不合适，很容易导致混凝土的内部结构产生问题，从而造成质量问题，形成裂缝。而在混凝土浇筑完成后，短时间内如果出现内外温差过大的情况，容易使混凝土表面出现水分蒸发，缺少水分的混凝土容易凝结，在后期出现裂缝，因此在浇筑完成后的一定时间内都需要对浇筑完成的混凝土覆盖一层保湿用的覆膜，使内部充分湿润，同时确保混凝土的内外温差在一个平稳可控的范围内。在对混凝土进行养护工作中，施工人员也要密切关注混凝土的具体情况，当天气较为炎热的情况下，要对混凝土进行二次养护工作。

麻面现象是混凝土表面局部出现缺浆和许多小凹坑、麻点，形成粗糙面，但无钢筋外露现象，出现麻面，可能会对结构的密实性造成影响。其产生的原因有模板表面粗糙或黏附的水泥浆渣等杂物未清理干净，使得拆模时混凝土表面被粘坏；模板使用中未浇水湿润或湿润不够，构件表面混凝土的水分被吸去，使混凝土失水过多出现麻面；模板拼缝不严，局部漏浆；模板隔离剂涂刷不匀，或局部漏刷或失效，混凝土表面与模板黏结造成麻面；混凝土振捣不实，气泡未排出，停在模板表面形成麻点。

一、施工前的准备工作

混凝土的浇筑方式主要分为高抛无振捣法和泵送顶升压注法两种。高抛无振捣法主要是利用混凝土自身的重力对其进行连续抛落，虽然方便但是不利于控制混凝土的密实度。而泵送顶升压注法相对复杂，需要在拱脚处开压注口，同时在拱顶开出浆口，利用输送泵的压力将混凝土沿管道由下往上一次性压注完成，虽然麻烦但是可以保证混凝土的均匀与密实。采用泵送顶升压注法对于输送泵的性能要求比较高，输送压力必须达到使用条件。在输送过程中一般使用大型的拖泵，且混凝土运输车和输送泵的数量一定要足够，在进行混凝土的搅拌前要检查搅拌机的功率是否符合施工要求，确保浇筑作业的顺利完成。

二、施工环节的注意事项

为了确保混凝土凝固后不出现裂缝和麻面，必须在浇筑前制定好浇筑计划，在浇筑过程中严格按照计划来进行，施工人员不能擅自更改浇筑计划。首先是要确保混凝土在运输的过程中不会出现离析的现象，为浇筑工作的稳定进行打下良好的基础；其次是要计算好浇筑时间和混凝土的运输时间，避免混凝土还没开始浇筑就凝固。根据气候环境、温度等外界因素合理选择搅拌地点，确保其质量不会出现问题。

三、完善施工质量监管制度

在我国现有的建筑施工体系中，相关的施工监管体系已经相对较为成熟了，但是仍然有部分建筑企业的基层监管体系存在执行不力的情况，对于这种现象，企业应当加大力度使监管系统落到实处，从最开始的原材料采买工序一直到最后交付完工，所有程序都应该有监管人员对其中的质量情况进行检查管理。施工单位要强化对建筑工人和技术人员的责任意识的培养，使其明白工程质量背后的意义，杜绝在施工过程中因为施工人员主观意识而造成不良影响。

在桥梁的施工过程中，混凝土材料的应用最为广泛，因其具有较高的强度和稳定性的特点，在我国建筑业的很长时期都是主要的建筑材料，而混凝土材料在实际工作中的构筑要求也很高，从最初的原料选择就要恪守标准，之后的搅拌过程也要具备相关的技术，保证原料的配合比最为科学合理，到后面的振捣、浇筑、养护等工作，都需要施工人员进行细心的工作，同时监管人员需层层把关，保证每道工序都保质保量，在每个环节都能进行质量监管。因为桥梁是我国重要的交通设施，它不仅关系到居民出行的便捷程度，为国民提供便利，其稳定性和安全性也关乎每个通过桥梁的人的生命安全，因此，施工人员和监管人员、技术人员必须要明白建设中保证桥梁安全性的重要意义，杜绝在工程建设中由于疏忽大意、偷工减料、工艺过差而造成质量问题的情况。因为它不仅仅是为一座桥梁工程负责，也是为了居民的出行安全、人身安全负责，为国家的发展负责。

第五节　桥梁施工安全风险

由于桥梁的工程会对社会经济的发展造成很大的影响，所以施工总体的安全风险分析与控制是一个非常重要的环节，专业人员会根据工程实际情况，做出一些安全预防方案，尽可能地避免风险或者减少危险情况的发生。

一、目前桥梁施工现场存在的安全风险

（一）技术水平和管理能力的落后

现阶段我国大量的剩余劳动力都被建筑行业吸收了，在解决剩余劳动力问题的同时，也会给企业现场施工管理带来很多安全风险。他们普遍教育程度偏低，安全知识不足，而大中专院校毕业生的知识体系也不能满足我国市场经济迅速发展的新要求，在这样的大环境的影响下，就会进一步的造成我国桥梁施工现场严重缺少掌握高端技术和专业管理知识的工程管理人员，不利于桥梁工程的安全施工，且有可能会导致安全事故的发生。

（二）大部分的民营施工企业都缺乏正规化的经营制度

大部分的民营施工企业，在一定程度上导致了正规化经营制度的严重缺乏。很多这样的施工企业在桥梁施工过程中，对安全管理意识薄弱，导致其经营模式在一定程度上存在不少的隐患，例如，用人不当，管理制度不完善，并且落实不到位。为了减少资金的投入，赚取更高的利润，经常会出现使用价格低廉的劣质材料，只是一味追求企业经营的利润率的增加，致使工程的安全可靠性被大幅降低。

（三）部分施工企业中安全管理的技术和策略方面存在严重的不足

安全管理的技术与措施方面，部分施工企业还存在着严重的不足之处。首先，在现场施工过程中，施工企业为了降低生产成本，仍然使用大量失修甚至报废的施工机械设备进行施工，对施工机械设备没有及时地进行更新换代。

二、桥梁工程建设期风险识别

（一）施工风险识别

危险辨识，主要的内容就是经过已经存在的方式以及途径分析工程建设的潜在危险，并且对潜在危险实行量化的处理方式。因为桥梁在建设的过程中，存在非常多的影响因素，且各自产生的危害程度也不一样。在大跨桥施工危险分析中，在整体的桥梁创建时期，尽量地找到并且量化影响工程建设并且产生一定损耗的危机事件以及因素，并且在建设危机监管的过程中加强对影响因素的监管控制。

（二）施工风险识别的过程

①桥梁工程信息收集与研究。对桥梁建设实行合理的操作危险分析，必须完全并且详细的掌握工程项目的主要内容和程序，一定要重点关注工程的相关图纸数据、建设信息、成功经历以及失败经历等内容，以及自然、社会环境，桥梁的框架种类、桥梁建设以及整体性能等内容。并且，还需要探究并且确定搜集到的资料以及信息是否具备一定的精准性，这样才能够确保危险分析的结论具备一定的根据性。②风险因子不确定性的确认。按照桥梁工程的建设情况、建设单位策划、预期精度状态以及检查报告，探究并且确定桥梁在建设过程中会不会产生影响建设工程稳定进行的原因，对这些影响原因实行一定的剖析，才能够有效地进行识别。

（三）施工风险识别的方法

①层次分析法。这是美国国家工程院院士 Satty 创造的一种方式，能够将危险定性剖析以及定量分析统一起来的一种新型的危机分析及决定的方式，采取这个方式能够有效地将繁杂的工程建设体系，根据部署以及管理的联系一步一步地分成具备递阶框架的附属体系，然后对产生的附属体系实行探究和剖析，确定并且对比每一阶段中或者整个过程中比较关键的因素，这样才能够分辨出工程建设过程中的关键危险及原因。②核查表法。核定考察表格的方式，其主要内容就是对已经产生的工程建设危险进行概括归类，为人们提供比较完全并且完整的有关危险的具体情况。这个方式非常的完善，并且便于操作，然而因为工程项目自身存在的特殊性，导致这个方式没有获得广泛的使用。

三、施工过程风险安全控制

（一）施工过程控制方法

①提前猜测的管理方式，又叫作闭环监管方式，主要内容就是桥梁在建设的时候，想到的所有会影响桥梁框架的原因以及建设需要完成的宗旨，对桥梁在建设过程中产生的不同变化实行提前猜测。对施工过程进行指导和控制，即时确定操作过程中的桥梁框架安全状态。这种方式具备非常广泛的实用性，能够适用于不相同种类的桥梁建设。②自适应的

管理方式，同时又叫作参数管理方式，主要的内容就是根据提前猜测的管理方式的主要内容，添加系统分析形成的一种新的监管方式，系统的分析建设过程中产生的误差并且进行一定的调整，使其满足提前设计的方案内容。

（二）施工风险处理过程

风险控制作为安全风险管理技术在桥梁施工中应用的关键环节，也是在前期三个阶段工作的基础上进行的。在风险控制过程中，员工可以减轻风险、规避风险、转移风险。在具体实施中，首先要根据桥梁工程的实际施工情况和安全管理目标，制定桥梁风险控制计划和严格的工作制度，积极推行第三方责任保险和 ESTAB。系统风险管理保险。然后，结合施工模式，在加强现场检查的基础上，明确施工设计提交和风险控制的要求，针对施工过程中特别容易发生安全事故的地方，制定专门的风险防范方案。最后，风险控制是一项系统、协调的工作。在公路施工设计阶段风险控制过程中，必须对已完成的施工方案、施工图等进行风险评估，以确定桥梁施工结构是否安全，自然环境是否安全。施工周围足够稳定，是否有突然发生自然灾害和安全危险的可能评估、分析，使设计单位能够完善设计方案，并精心组织专业人员对风险易发场所进行安全防护。在施工阶段风险控制过程中，加强工程建设安全风险评价，要始终以人为本，坚持安全第一、预防为主、综合治理的原则，强化和落实用人单位的主要责任，建立安全风险评价体系。依托计算机信息平台，建立公路水运工程从业人员和从业人员安全生产违法违规行为信息库，实现了生产不诚信黑名单制度。相关信用信息按照规定及时纳入交通运输平台及相关统一的信用信息共享，并依法向社会公布。这样，不仅可以使桥梁施工工作中发挥良好的作用，而且可以使整个风险控制工作朝着专业、细致的方向发展。

桥梁施工安全风险管理可以从三个方向创新和建设，积极引进科学技术研究成果和先进技术在大型桥梁工程安全生产中的应用；鼓励用人单位利用科技手段和信息技术生存；加强对存在安全风险的施工现场的监督管理。

第六节　桥梁工程机械维护"三原则"

在桥梁工程建筑中，机械无疑充当着"利器"的功能，其维护质量的好坏直接关系到桥梁工程的成败与效益，机械设备质量好坏，对桥梁工程整体的质量有着重要的影响，只有对相关机械设备进行正确的使用及维护，才能保障桥梁工程项目的顺利实施，并使企业获得经济效益。本节拟从桥梁工程机械维护角度，集中讨论桥梁工程机械维护的"闭环三原则"：因天制宜原则、因地制宜原则、因人制宜原则，以期为提升桥梁工程机械维护质量和确保工程效益提供参考。

一、闭环三原则的依据

（一）理论依据

《孙膑兵法·月战》指出，"天时、地利、人和，三者不得，虽胜有殃"，工程机械维护莫不如此，唯有三者紧密结合方能决胜于千里之外。因为，桥梁工程建设往往是在恶劣的野外环境，一切相关活动无不受制于"天、地、人"三大要素，所以，桥梁工程机械维护也必须围绕这三大要素展开，需要三者的互补统一和有机融合。

（二）问题依据

问题是对策的依据，寻找答案前首先要知晓问题何在，在大型桥梁工程建设中机械维护常见的问题如下：首先，忽略天时对机械的磨损和破坏作用在机械维护管理中的重要性；其次，忽视了地理环境对机械损坏力在机械维护管理中的重要性；第三，对相关人员的管理和培训不到位，具体体现为在宏观方面对桥梁工程进行设备管理较差、对桥梁工程机械设备的维修护理水平较差、桥梁工程机械设备使用的不规范、在桥梁工程施工中机械设备的利用率较低或者表现为不能合理使用施工器械设备、对施工机械设备保养检修不够重视、机械设备操作人员的专业素质不高，因此应当从"天、地、人"三方加以综合考虑，以提高桥梁工程机械维护效益。下面结合具体工作分别论述桥梁工程机械维护的"因天制宜、因地制宜、因人制宜"闭环三原则。

二、闭环三原则的内容

（一）因天制宜原则

桥梁工程通常在野外作业，其机械常为大重型，而置于户外的概率相对较高，因此，天气是机械维护中一个无法回避的要素。实际上，因天气而引发的机械故障，往往给工程带来不可预测的困境，这涉及存放地点、存放环境等。首先，在阴雨连绵的季节里，机械存放地点十分重要，尤其是经常露天放置的机械更为重要。通常，机械适宜存放在位置高处，从而避免机械浸泡而导致无谓的耗损。其次，机械一般对存放环境要求严格，最好至于干燥温度适中环境。因为长期置于潮湿的环境中，机械容易发生氧化，导致磨损，缩短使用寿命，因此，在选择存放地时，一定要考虑其空气干燥度，同时，通常气温又不宜过高，不宜长期置于烈日下暴嗮，同样对机械容易造成伤害。

（二）因地制宜原则

地理环境同样是桥梁工程机械维护一个重要因素。首先是地理安全要素。大型机械存放处一定要放置在"过硬"的地理环境，回避不安全的地理环境。这种不安全性主要来自两个方面：一方面，当地地质本身不结实，容易塌方，尤其是大雨或地震引发的塌方；另一方面，工程引发的地质塌陷。无论何种原因引发，都会造成机械损失，这是使用人员不太关注的问题。因此，我们建议，首先选好安全地（或建设安全地），统一放置。其次，充分考虑本地水与土成分要素。各地水土环境不同，有些地区水土中含有大量的酸碱度不同的矿物质，无论哪种都可能潜伏着"机械侵蚀"危险，水土的酸碱性直接影响到机械的使用寿命和效益。因此，分析作业区水土酸碱度也是桥梁工程机械维护的必修课，碰到此类问题，主要有两个方案：第一，根据酸碱度选择不同器材的机械；第二，及时清理残留在机械上的水土。

（三）因人制宜原则

人是一切活动的最终因素，因此，因人制宜是桥梁工程机械维护的终极原则。

从我们的工作实际来看，这方面必须重点关注四个要素：第一，培养主人翁意识。只有把集体当家的人，把集体财产当自己财产爱护的人，才能自觉地履行好机械维护职责，这是从思想意识上确保机械得到有效维护，但缺乏强制性；第二，提升职业技能。机械维护其实是一项对人的知识技能要求极高的工作，如关注气候变化、识别地理环境、熟悉机械性能与材料等等，因此，经常进行职业培训、提升相关人员素养是提高机械维护的必修课，这是从根本上确保机械能得到有效维护；第三，加强制度建设。制度是工作的基本保障，严格机械进出制度、存放制度、绩效制度、奖惩制度是确保公平和高效的底线，这是从外部强制确保机械得到有效维护的刚性条件；第四，上面是普通的因人制宜原则，或广义因人制宜原则。狭义上的因人制宜原则就是将上述广义因人制宜原则具体针对机械维护人员个体的有效实施。由于每个人的道德品质、知识技能和综合素质存在个体性，因此主人翁意思的培养、技能的提升和制度的制定与执行就不能千篇一律，而应因人而异、因材施教，但其根本手段和任务相同，做到内外手段结合、大小机械好用。

桥梁工程机械因其具有自身独特的作业环境，如气候、地理和人文等，因而在机械维护上具有自身的特殊要求和困境。本节结合自身工作经验和教训，立足中国传统文化，提出"因天制宜、因地制宜、因人制宜"三原则，在这三原则中，因人制宜是最根本性的原则，在实际工作中，牢记"天时不如地利，地利不如人和"（《孟子·公孙丑下》）。

第二章　桥梁施工技术的发展

第一节　桥梁施工技术控制要点

桥梁是连接道路的枢纽，是道路交通必不可少的一部分，所以桥梁工程的施工质量越来越被人们所关注，在施工过程中，施工企业要严控施工技术，打造出优质的桥梁工程。本节针对桥梁施工时的技术要点控制进行了分析，并介绍几项桥梁施工技术。

一、掌握工程施工进度

根据竣工及交付使用的期限，优先安排影响交通及人民日常出行的工程。比如，在某立交桥施工中，一匝道正遇学校门口，则必须优先安排该匝道的施工。若主桥的竣工对缓解交通压力有着重要作用时，则优先满足主桥施工的条件。科学地安排施工顺序，要做到先地下后地上，先三通一平后施工。要进行工程排队，突出重点，攻克难关。对工期长、技术复杂、施工难度大的工程应早做安排，如桥梁施工中的公用墩柱或设有纵横预应力的梁施工，均应先考虑。采用机械化施工方法和提高装配化程度，如立交桥中的引道挡墙施工多采用预制装配；在道路施工中，从基层到面层，多采用大型机械化施工。应采用科学的网络计划方法，确定最合理的施工组织，以便工序之间相互创造有利条件，扩大工作面，加快施工进度。落实季节性施工措施，确保连续施工，如雨季施工用水泵排水和混凝土浇筑的防雨篷等。全面平衡人力、物力，尽量压缩施工，做到均衡施工，避免虎头蛇尾，自始至终掌握施工节奏。要充分考虑城市桥梁设计的变更因素和不可预见性。城市桥梁的施工往往由于急需上马，地质资料、地下管线位置和设计不一，一旦变更，可能会影响进度。同时，要考虑保证进度能实现的有效措施，如组织措施、技术措施、经济措施等。

二、落实安全巡查

由于桥梁施工具有许多不确定因素，安全巡查制度主要是针对桥梁施工作业面不断发生延伸和变化，随时都有新的情况产生，以及危险源的转换，我们在巡查过程中能及时发现存在的安全隐患，通过口头和书面的形式通知承包人立即整改。检查的重点是对现场用电、基础施工的地质情况、高空施工的安全保护措施，交通组织措施以及承包人安全内业资料管理等情况。安全巡查主要采用定期和不定期检查，定项与不定项检查，安全监理员检查与监理组检查相结合，安全巡查与隐患整改检查相结合的方法进行。在监理巡查过程中要对承包人的安全措施落实和整改情况进行重点检查，如发现有重大安全隐患或经监理工程师指正后仍然没有整改或整改效果不明显的，监理应及时以书面通知的形式汇报给业主和上级主管部门，以合理规避可能存在的法律和经济风险。

三、严格执行桥梁施工工艺

浇筑前的检查。主要包括：支架和模板的检查、钢筋和钢索位置的检查、浇筑混凝土前的准备工作。

混凝土浇筑。主要包括：确定混凝土的浇筑速度、浇筑顺序、浇筑方法；水平分层浇筑、斜层浇筑、单元浇筑法。

预制安装。起重机架设法、架桥机架设法、支架架梁法、简易机具组合法和塔架架设法等。

四、桥梁施工过程控制

对桥梁施工过程实施控制，确保在施工过程中桥梁结构的内力和变形始终处于容许的安全范围内，确保成桥状态符合设计要求。桥梁施工控制不仅是桥梁施工技术的重要组成部分，而且也是实施难度相对较大的部分，桥梁施工控制是确保桥梁施工宏观质量的关键，又是桥梁建设的安全保证。

五、加强桥梁设计美学

由于我国经济的高速发展，桥梁已遍及全国各地，全社会对桥梁美观性提出了更高要求，我们必须注重桥梁、河道与环境的关系。就桥梁、河道的环境来说，概括起来包括自然景观、人文景观和污染三个方面。对桥梁景观的评价就是要与高效运输相协调，因为优雅的桥梁位置，会使人感到视野开阔，心情舒畅，减轻司乘人员和旅客的疲劳感，对减少事故和提高运输效率，将发挥更加重要的作用。选择桥梁位置，由于各因素间存在着错综复杂、相互联系又相互制约的关系，所以对其评价又是个多目标、多属性的问题。

六、注重安全监管

在桥梁施工现场，建立以项目经理为中心、安全生产负责人为主的安全领导机构。制定出各项安全技术措施，确保在桥梁施工中安全工作在受控情况下进行。把安全生产放在重要位置来抓，使全体工程施工人员都牢固树立"安全第一"的思想，要职工牢固树立安全就是效益的思想，进行安全培训，始终贯穿"预防为主"的思想。加强安全生产，做好各工种和各工序安全规范的制定。制定安全实施规范和实施细则，并做好安全技术交底，使施工者人人都懂得安全技术规范，确保安全生产。施工现场应严格执行施工安全规范，施工人员在施工时要严格执行现行的施工安全规范，包括《建筑施工安全标准检查》《施工现场临时用电安全技术规范》《建筑施工高处作业安全技术规范》《建筑施工扣件式钢管脚手架安全技术规范》等等。

七、混凝土温度监测

在混凝土内部外部设置温度测点，设置保温材料温度测点及养护水温度测点，现场温度监测数据由数据采集仪自动采集并进行整理分析。每一测点的温度值、各测位中心测点与表层测点的温差值，作为研究调整控温措施的依据，防止混凝土出现温度裂缝。为反映温控效果可在少数混凝土层中埋设应变计进行温度应力检测，应沿水平方向布置，检测水平方向应力分量。

第二节　桥梁施工技术质量的控制

公路的贯通不但优化了路网结构，还有力地促进了我国经济发展和社会进步，但我国自然环境差异较大，特殊的地理环境对公路桥梁的建设提出了更高的要求。鉴于此，本节对公路桥梁施工的相关技术质量控制进行了探讨，以期为我国公路桥梁施工质量提供有效的参考和借鉴。

一、桥梁施工特征

（一）地质复杂，技术难度大

我国是多山国家，尤其是西部山区的地质情况非常复杂，滑坡、泥石流时有发生，有的施工项目坡度基本是垂直角度。再加上部分地区降雨渗水量大，岩石内裂隙水丰富，水文条件的复杂，使得桥梁施工存在很大的难度。根据相关数据显示，部分公路工程中桥梁占据的比例甚至达到80%。

（二）资金投入较大

公路桥梁的修建需要依靠一些大型的机械装置，并且施工工期长，需要投入大量的资金确保施工正常进行。另外，根据相关数据调查显示，公路桥梁建设划拨资金往往存在滞后性，使得施工企业面临巨大的压力。

（三）施工周期长，工艺复杂

近年来，我国公路桥梁的施工技术有了很大的提升，但由于部分地区特殊的自然环境，施工周期较长。根据相关数据显示，一座桥梁的建设周期一般需要 1 年至 2 年，再加上公路桥梁施工需要在高空下作业，例如高墩柱施工，施工工艺极其复杂，高墩柱混凝土一次性需要浇筑 4m ~ 6m，还需要浇筑 5 次以上，工艺要求很高。

在公路桥梁工程施工中，由于对某些因素的忽略、遗漏，在整个公路桥梁工程预算时没有科学地计算人工、建筑材料等成本的投入，使得最终预算的资金与实际投入的资金相差甚远。此外，在做某些材料的资金预算时，没有对因客观条件（如物价的涨幅）所引起的资金变化进行预估，导致材料的实际价值与估算价值在一定程度上存在较大差异。或者由于人们观念的局限性，对事物的主观判断失误，在预算商品质量时出现错误的指令、不合理的变更等现象，这些都会造成公路桥梁工程施工中成本的预算失去它应有的价值及意义，从而造成人力、财力、物力等资源的浪费。

相关的数据调查表明，在我国公路桥梁施工的施工人员中，学历层次比较低，部分施工人员对新仪器的操作比较困难，而现今的科学技术能有效地节约整个公路桥梁施工工程所需的物质材料，节省施工中大量的人力和物力，提高施工效率。但就我国目前的公路桥梁工程建设施工实际情况来看，许多施工人员和施工企业都采用传统且落后的施工技术，对现代施工技术缺乏更深层次的了解，施工人员低水平的施工技术在无形之中延长了工期，同时还浪费了许多施工材料，直接造成了一些不必要的损耗。

现场管理是公路桥梁施工中的重要管理环节，就目前而言，在公路桥梁工程施工中，管理人员的专业素质还有待加强，对于公路桥梁工程相关的施工合同内容、工程质量控制等规定都不是特别的熟悉，在对公路桥梁施工现场管理时存在盲目签证、歪曲合同规定的内容及结算困难等问题，而缺乏专业素质的质量管理人员在出现此类问题时不能及时发现，造成了在整个后期工程中出现质量问题。

由于缺乏科学的施工计划，许多工程常常出现工期延长的情况。在开始计划时没有综合、全面地考虑整个工程项目施工的具体条件，存在着随意调整施工进度的情况，增加了人工工耗，违背了工程规划，甚至影响了施工质量。

二、桥梁施工技术质量控制对策

（一）提高施工人员的专业水平和素质

相关建筑施工单位要从思想上重视施工技术人员的培训，定期或不定期地组织施工人员进行业务学习，有条件的情况下鼓励技术人员多参加培训，与同行交流，并定期进行考核，对考核优秀的人员进行表彰，让其分享经验，进而提高施工人员整体的专业水平与素养。另外，也要加强对技术人员从业职业道德的学习，强化其社会责任意识，认真完成自己的本职工作。

（二）加强对工程材料的检查力度

不管是技术部门、施工企业还是监督部门，都应该坚持把工程质量放在首位的原则，时刻树立质量第一的观念和意识，一旦发现工程中存在质量问题，要及时停工并采取积极的应对措施，例如，监督相关的施工程序，组建监察队定期对建筑施工进行监察，对毁损建筑设施的相关人员进行严厉惩罚。同时，施工单位必须做好材料采购制度，对符合标准的材料才能投入使用，还要加强现场材料质量管理，确保施工材料符合国家施工标准要求。

（三）合理选择原材料

原材料质量的好坏直接影响着水泥混凝土路面施工质量，因此在选择原材料的时候，施工企业要严格按照相关规定，选择信誉较好的厂家，检测其各方面指标，避免存在质量隐患。例如，在水泥的选择中要准确把握集料的粒径、强度等，不能使用活性集料。部分企业在集料中添加黏土矿物，降低水泥混凝土强度，极易出现膨胀性破坏。对水的选择要避免油类、酸、有机杂质等，如果含有这些物质，水泥混凝土将无法正常硬化，一般情况下可以直接使用饮用水，并要合理选择养护覆盖物，提高水泥混凝土质量。

（四）加强施工质量控制

对于施工的控制，首先，就是要加强施工质量控制。施工人员必须彻底清除路基杂质，采用适宜的施工方案处理软基，选择科学的填料，将压实含水量控制在规定范围内，避免路基潮湿；同时，要以施工图纸为基点，提高公路桥梁整体性能与质量；另外要注重施工质量控制，施工人员必须控制好原材料质量，要合理控制其配合比，同时要注意施工季节，避免出现过压现象。对混凝土的质量控制中，要特别控制好混凝土施工配合比，根据搅拌机性能，准确把握混凝土搅拌时间。在运输过程中，要根据初次凝结时间，控制好浇筑时间，不能出现漏浆。

第三节　桥梁施工技术中的绿色理念

目前，在我国桥梁施工技术中，还存在着一些问题，其中就有资源浪费问题。社会的发展，让人们越来越意识到绿色理念的重要性，如果将桥梁施工技术与其进行很好地结合，就可以解决资源浪费的问题，满足社会发展的需求。桥梁施工技术中绿色理念的应用要经得起实践的检验。本节阐述了桥梁施工技术中绿色理念应用的必要性以及应用策略。

近几年来，我国的经济发展迅速，城市化进程飞快，对施工技术的要求也越来越高。在桥梁施工技术中，资源过度浪费的问题叩待解决。绿色理念的应用，能够很好地解决这一问题，满足可持续发展的需求。在桥梁工程项目的整体建设的过程中，都要保持着绿色理念，使桥梁系统得到优化。本节介绍桥梁施工技术中绿色理念的应用必要性以及应用策略。

一、桥梁施工技术中绿色理念的应用必要性

绿色施工理念诞生于人们对于生态环境日益关注的大环境下，绿色施工要在确保建设质量的同时达到保护环境的效果，提高资源利用率。绿色施工理念的运用，是大势所趋，它能带来最大的效益，充分利用建筑材料和资源，提高施工质量，最大限度地降低对环境的危害。绿色理念虽然是新兴理念，却有着十分重大的意义，下面将从三个方面阐述桥梁施工技术中绿色理念的应用必要性。

（一）可持续发展的要求

第一，当今世界，市场竞争相当激烈，迫使越来越多新的理念不断涌现，人们也在一步一步地接受这样的理念的出现。第二，桥梁工程要很好地在经济建设中全面发展，必须满足当下可持续发展的要求。要想让桥梁工程适应这个大环境，更快的发展，桥梁工程建设者们必须有创新的头脑，进行技术创新。在桥梁施工技术中运用绿色理念，必须依据实际情况来开展工作，这样才能够使其更好地达到可持续发展的目标。

（二）桥梁施工的积极引导

目前，我国人口众多，资源处于紧张的状态，绿色理念的提出对这一局势的解决提供了很好的思路。绿色理念的提出可以满足在建筑材料使用最少的前提下带来巨大的经济效益这一时代需求。绿色理念需要的是创新，将创新用在桥梁施工技术上，将创新用在保证质量上，将创新用在效率上。桥梁建设者们要时刻思考创新理念，并在实际施工时多加考虑，以便很好的评估工程的可行性，达到可持续发展的要求。

（三）应用现状的迫切需求

目前，在桥梁施工建设的过程中对绿色理念的使用还处于初步阶段，难以满足可持续发展的大环境需求；我国的资源压力巨大，面临着枯竭的巨大威胁。；施工人员研发出来的技术不够创新，不够成熟，追求高速完成施工任务的同时造成了很多的安全问题。这样的现状对绿色理念提出了迫切需要。绿色理念的融入，给人们更多的评判标准，更多的施工追求，施工技术人员能结合这一理念，判断施工的可行性，利用创新的思维来决定最终采取什么样的方式施工，最终达到人们追求的生态平衡。

二、桥梁施工技术中绿色理念的应用策略

绿色理念的使用有着重大的意义，下面介绍如何在桥梁施工技术中应用绿色理念。对于公路的施工管理进行强化，完善施工技术方案和计划，让其更加科学；将施工过程中的环境问题重视起来，避免出现施工灰尘，污染环境；加强材料的充分利用，避免浪费，制定使用规章制度；制定施工过程中能源消耗的约束条件，不要超过限值等。这些都是将绿色理念应用于桥梁施工技术中的很好的例子。下面将具体阐述绿色理念的应用策略：

（一）对桥梁施工技术的设计进行优化

第一，桥梁施工技术中，人们往往很看重它的整体结构，希望工程能够在规定的时间内完成。要达到这样的要求，综合考察很重要，通过综合考察，设计人员能够很清楚地掌握周边环境情况，这样，在设计的时候就可以很好的运用桥梁施工技术，将绿色理念运用到最佳。第二，在初始的设计阶段，设计师就要明确施工过程的成本。现如今，智能技术越来越多，并逐步走向成熟，适当地将它们用于施工过程，能够让施工材料得到循环利用，达到很好的协调性，这是绿色理念的很好利用。

（二）优化施工材料

传统的施工材料具有不可再生性，造成大量资源浪费，还破坏了生态环境。对施工材料进行优化，使用全新的建筑材料，并在使用时结合实际情况选用对应的一定数量的材料，不可浪费，并对废弃资料采取回收利用，达到最大的经济效益。

（三）降低水源使用量

众所周知，桥梁施工中水是必不可少的，比如人们很熟悉的砂浆搅拌就要用到水。在实际施工的过程中，水资源的浪费是再常见不过的，例如，采水设施老旧漏水、装置水压过大破损等。这就要求施工技术人员及时调整阀门，定期检查管道是否漏水，定时采取维护措施，积存测试所用水，多次利用，循环使用，由此来保证水资源的高效率使用。水资源的节省是一个重大项目，意义深远。

（四）控制噪音污染和光污染

下面分开来阐述如何控制噪音污染和光污染：第一，桥梁施工必然会引起噪音污染，我们要采取一定的措施减少其产生的影响，这就涉及了绿色理念的使用。考虑到居民的生活习惯，尽量在白天施工，机械设备购置噪音小的。第二，施工过程必然会引起光污染，尤其是在夜间施工时，为了保证施工的质量，会大量使用灯光。我们要采取一定的措施减少其产生的影响，比如，找好角度，用挡光板遮盖大量灯光，让灯光几乎全部应用在施工区。这些措施就包含了绿色理念的使用，减少了施工对人们正常生活的干扰，减少了资源的浪费。

在桥梁施工技术中，绿色理念的科学合理使用具有重大的意义。在整个施工过程中，要始终保持着节能意识、环保意识、可持续发展的理念。要真正地将绿色理念运用于桥梁施工实际，结合施工实际环境，考察计划可行性，找到最具效用的桥梁施工技术，为社会的发展提供很大的便利。希望本节总结的桥梁施工技术中绿色理念的应用必要性及应用策略对以后的研究有一定的帮助。

第四节　桥梁施工技术及其安全评价

以某公路桥梁工程为研究对象,分别从安全评价思路、分解施工程序、危险源辨识、风险评估以及风险控制措施等方面,对公路桥梁施工技术安全评价进行分析。研究表明,通过安全评价,能够发现公路桥梁施工活动中存在的危险隐患,据此采取有效的措施加以控制,可确保施工安全、有序进行,有助于促进公路桥梁施工技术水平的提升。

一、工程概况

某公路工程第三标段全长 2.85km,道路红线宽约 100m,路基和路面的宽度分别为 33.5m 和 30.5m,在该标段内有一座桥梁。该工程工期比较紧张,为在规定期限内完工,需要频繁转换工序。由于道路红线的范围较大,从而使施工组织难度进一步增大。桥梁工程的主梁跨度较大,施工风险较高,为确保施工安全有序进行,应对该工程的施工活动进行安全评价。

二、公路桥梁施工技术安全评价

(一)安全评价思路

在公路桥梁工程中,对桥梁施工技术进行安全评价主要是以施工作业活动为评价对象,依据各工序作业中存在的风险特点,对危险源进行排查,以量化的方法对其中的重大危险源进行评价,按照评价所得的最终结果提出控制措施。

(二)分解施工程序

为给评价工作的开展提供便利条件,需要对桥梁的施工作业程序进行分解,具体如下:根据本工程的特点,可将施工作业大体分为两个部分,即下部结构和上部结构,其中上部结构包括桩基础、承台、墩身、盖梁、支座、桥台等;上部结构包括箱梁安装、桥面及附属设施等。

(三)危险源辨识

分解完桥梁施工程序后,可采用调查、讨论等方法,列出相关的危险源普查清单。以桥梁下部结构中的桩基础为例,本工程中桩基础施工技术为机械钻孔泵送灌注混凝土,其中潜在的安全事故包括机械伤害、物体打击、高空坠落以及触点等。导致安全风险的主要原因有钻机问题、操作问题、指挥问题、防护问题等。

(四)风险评估

在公路桥梁施工技术安全评价中,对重大危险源进行评估时,为确保评估结果的可靠性，应将定性与定量两种方法结合使用。对于施工诱发安全事故的严重程度，可以采用专家调查法进行估测，而对发生安全事故可能性的估测，则采用指标体系法。对于桥梁工程施工安全事故而言，其严重程度的估算可根据人员的伤亡情况和事故发生后造成的直接经济损失两个方面作为主要参考依据。

1. 建立风险矩阵

在对桥梁施工中的重大危险源进行动态评估时，可以采用风险矩阵法。建立风险矩阵表时，应以桥梁施工安全事故发生的可能性和事故造成后果的严重程度作为主要依据。施工安全事故发生的可能性划分为四个概率等级：等级 1 为不太可能发生；等级 2 为偶然发生；等级 3 为可能发生；等级 4 为很可能发生。事故造成后果的严重程度由两部分组成，即人员的伤亡情况和事故造成的直接经济损失，前者的等级标准如下：等级 1 为一般事故，人员死亡的数量小于 3 人或是重伤人数小于 10 人；等级 2 为较大事故，人员死亡的数量在 3 人以上 10 人以下，或重伤人数在 10 人以上 50 人以内；等级 3 为重大事故，人员死亡的数量在 10 人以上 30 人以下，或重伤人数在 50 人以上 100 人以内；等级 4 为特大事故，人员死亡的数量在 30 人以上，或重伤人数在 100 人以上。后者的等级标准与人员伤亡的等级标准相同，仅用经济损失进行衡量，即直接经济损失在 10 万元以下，为一般事故；超过 10 万元，不足 50 万元为较大事故；在 50 万元到 500 万元之间，为重大事故，超过 500 万元为特大事故。

在本工程中，桥梁墩柱施工、支架现场浇筑等施工环节容易发生安全事故。故此，将上述工序作为重大危险源进行安全评价。

2. 评估指标

在本工程中，施工安全管理评估指标具体包括：A 总包资质、B 分包资质、C 历史事故、D 施工人员经验、E 安全管理人员配备、F 现场安全投入情况、G 设备配置与管理、H 专项施工方案。评估指标的分值设定为 P，计算方法为上述指标相加，从对照表中找出折减系数，据此求取施工安全事故发生的可能性。经过计算，得出最终的折减系数为 0.8。

3. 施工风险评估

（1）桥梁墩柱。该工序施工的风险评估指标包括墩柱本体的高度、作业环境的气候条件、采用的施工技术方法以及临时结构设计等。在本工程中，桥梁墩柱的设计高度为 12m，作业时容易受到阵风和大雾天气的影响，墩柱采用的施工技术为支架模板，临时结构为专业验证方案。以上各项指标的分值共计 9 分，乘以折减系数，最终得分为 7.2。最终将墩柱施工安全事故发生的可能性评定为 3 级，即可能发生。在墩柱施工中，若是支架出现坍塌，可能会造成 3 ~ 5 名施工人员伤亡，事故造成后果的严重程度等级为 2 级。

（2）支架现浇。该工序施工的风险评估指标包括支架的规模、地质与基础条件、作业环境气候条件、支架设计情况以及交通状况。在本工程中，支架的设计高度为 12m，在承台上进行搭设，地质条件良好，作业环境为阵风多发区域，支架为专业设计方案，封闭交通。以上各项指标的分值共计 11 分，乘以折减系数，最终得到的分值为 8.8 分。根据对照表，可将支架现浇施工安全事故发生的可能性评定为 3 级，即可能发生。支架若发生倒塌，则会造成 30 ～ 40 人左右的伤亡，并且重新购置支架材料还会产生一定的费用。故此，根据风险矩阵，将支架现浇倒塌事故的严重程度按特大等级考虑，必须采取有效地预防和控制措施，以确保作业人员的安全性。

（五）风险控制措施

1. 墩柱施工风险防范

在本工程中，为对桥梁墩柱施工中可能发生的风险进行控制，确保墩柱施工安全进行，可以采取如下措施：在墩柱施工前，应对天气情况进行密切关注，选择无风或微风的晴天对墩柱进行施工；脚手架搭设完毕后要进行全面检查，确保牢固可靠，当墩高超过 10m，必须设置安全防护网；机械设备的操作人员应与作业人员配合，保持一定的安全距离；模板吊装时，必须由专人进行指挥，并对起重设备的性能进行检查，不得超载；高空作业人员必须系挂安全带。

2. 支架现浇施工风险防范

本工程中，对支架进行现浇施工可以采取如下措施防范风险，确保施工安全进行：支架的规格应统一，材料质量必须合格；由具备资格证的人员负责支架搭设，并在操作前进行安全培训；作业人员应佩戴安全帽、系好安全带，工具应装入随身的工具袋内，不得随意摆放，以免坠落伤人；支架的地基应坚实、平整，设置水平支撑及斜撑；当支架超过一定高度时，应设置缆风绳，避免倾倒；支架必须严格按照技术交底的方法和程序进行拆除，根据混凝土强度确定拆除时间，确保安全后方可拆除支架；加强气候监测，并对支架立柱基础的沉降情况进行监控，一旦发现沉降超限，应及时进行处理。

为确保公路桥梁工程施工安全进行，应结合具体工程，对其中潜在的危险源进行辨识，并对施工风险进行评价，依据评价结果，制定合理可行的控制措施，对安全事故进行防范，从而使公路桥梁能够按质、按量、按时完成。

第五节　道路桥梁施工技术发展方向

为了提升道路桥梁事业的发展水平，结合实际，对道路桥梁施工技术的发展方向进行研究，首先阐述当前我国道路桥梁的整体结构内容，其次对常见的道路桥梁施工技术进行讨论，最后对道路桥梁施工技术发展方向进行研究，希望通过探究以后，能够给我国道路桥梁事业的发展提供一些参考，从而促进路桥事业的不断发展。

一、当前我国道路桥梁的整体结构分析

道路桥梁的整体结构主要指的是桥梁的上部桥跨结构部分，通常是桥梁在建设施工中，

需要跨越地面障碍物时所设定的桥梁结构，其主要包含了面梁、板与拱、大梁以及悬索桥等结构部分。桥梁上部结构的主要作用就是可以支撑其主体结构部分，以达到结构稳定性的要求。桥梁支座结构就是承载整个桥梁重量的形式，在使用的过程中，将上部结构的压力直接传输到底部的承载结构体上，从而可以环节上部荷载重压，最终可以提升结构的稳定性，满足交通运行的需要。桥台结构的主要作用是将路面与路基结构部分连接起来，其主要是为了减少道路施工压力与填土施工压力，同时压实建筑工程项目中非常重要的基础结构部分，其一般都是位于桥梁的两侧，桥台高度的设定一般与桥面和路面高度有着直接的关系，目前我国大多数的桥梁桥台高度均为 12 m，大型桥梁则可以达到 25 m 左右。墩台结构的作用是将桥梁的承载载荷传输到地基结构中，以更好的缓解上部结构的载荷，其一般都涉及到水体，所以施工难度较高，质量控制比较关键。

二、道路桥梁施工技术

（一）混凝土现场施工技术

桥梁工程在建设施工的过程中，混凝土结构部分的施工需要严格控制材料质量，尤其是材料的配合比参数，必须要符合工程的设计方案要求。尽量选择使用钢纤维混凝土材料作为主体的施工材料，该材料的性能要明显优于普通混凝土结构，抗拉强度、抗剪强度等都比较高。只有桥梁工程的混合料材料达到要求，才能更好地保证工程的质量，使用寿命也能够得到延长。此外，在施工中要对机器施工工序进行控制，保证其符合施工工艺方案的要求，各个环节的质量都达到要求，从而可以保证工程的质量。

（二）铺装连锁块施工技术

该施工技术主要就是进行预制混凝土的施工，要和工程的实际情况保持一致性，根据设计方案的要求来进行混凝土预制块的生产和制作，其要求比较高，目前我国建筑施市场中最为主要的一种混凝土铺装连锁技术在施工中可以完成养护作业，然后可以将整个混凝土结构形成以为稳定的整体，在投入使用之后不会发生较大的变形问题。该种施工技术应用范围极广，对于材料的性能提升有着直接的影响作用。铺装连锁施工技术在工程实践中，需要加强材料的质量控制，首先需要保证路面铺装的平整度，要达到工程的安全性需要，并且选择合适的土质材料，清除材料中的杂质，如有必要可以进行换土。第二步是进行地基土面的平整度碾压施工，此时需要综合考虑工程的实际情况来确定碾压厚度，并且保证压实系数处于 0.86 ～ 0.95 之间，压实深度不低于 75 cm，承受能力在 175 KPa 以上。第三步对压实之后的表面进行稳定层施工，此时可以选择水泥、沙砾混合料进行施工，要严格控制水泥、风化砂、粉煤灰的材料配比，即为 8%、15%、75%，并且保证搅拌均匀，此时需要严格控制水的添加量，控制在 7.9%。上述参数并不是固定不变的，需要结合工程实际情况来选择合适参数，做出必要调整。

（三）翻模施工技术

翻模施工技术被广泛地应用到传统的桥梁工程建设中，其主要是通过塔吊来进行翻模施工，可以将钢模板放置在模板支撑架上，然后通过设备来进行操控，并且利用塔吊直接将模板吊装到施工位置上，并且通过施工人员进行加工施工，一般情况下，翻模都要按照三层的方式来进行，每层都设置一定的高度与空间。在施工位置上，模板位置的调整是通过手拉葫芦来进行的，每次浇筑完成一层就要进行下一层的模板支设施工，其操作非常的方便快捷，工程的施工效果也比较高。

三、道路桥梁施工技术发展方向

（一）道路桥梁施工技术中新材料的应用

道路桥梁工程采用钢结构的形式，这是在传统的混凝土结构形式桥梁的基础上发展而来，并且逐步成为现代化桥梁建设的主要结构形式，被大量的应用桥梁工程中。随着科技的发展，钢结构桥梁的承载能力得到很大的提升，施工效率也比较高，可以满足不同场合之下的应用，同时设计人员还能够准确地控制桥梁结构的自重，满足在不同条件的使用需要。当前我国的钢结构桥梁以波形钢腹板为主要的形式，其浇筑混凝土结构桥梁来说，顶板与底板的压力比较小，并且能够进一步简化安装工艺，大大提升施工效率和工程的质量，整体效果比较好，在未来发展中，该种结构形式的桥梁必然会发挥出更大的作用。

（二）道路桥梁施工结构加固技术的应用

道路桥梁的加固技术主要的作用就是提升桥梁结构的稳定性，也是提升整体结构刚度的主要措施，目前已经有很多种的加固施工技术被应用到实践中，其中的喷射混凝土加固的方式就是非常重要的一种。喷射混凝土施工技术在应用过程中，主要是利用施工设备将准备完成的水泥浆液直接喷射到锚固钢筋网上，然后经过一定时间的凝固之后可以形成整体结构，大大提升结构的性能，满足结构承载性能的需要。道路桥梁建设施工中，采用整体体系作为承载结构形式的设计方案应用比较普遍，可以达到受力均匀的需要，稳定性可以达到要求。碳纤维布的桥梁加固施工技术可以有效地改善整体的受力形式，并且通过加入了一定量的高强度碳纤维布可以更好地提升抗应变能力，承载性能也能够得到提升，抗腐蚀性能比较高，延长使用寿命，所以其被大量的应用到桥梁的加固施工中，对于桥梁事业的发展起到了积极的促进作用。

（三）道路桥梁施工中新技术的应用

道路桥梁在工程建设中应用很多的新型施工技术，尤其是比较先进的质量检测技术，比如光纤传感器技术、无损检测技术等，这些具备先进科学技术水平的质量检测技术可以准确地检测确定桥梁的缺陷和问题，并且立即根据问题进行必要的修复处理，从而可以达到提升其结构整体性能的需要，大大提升了桥梁的稳定性和安全性。同时这些先进质量检测技术还能够准确发现桥梁所存在的老化严重、衰老周期检测等方面的信息，从而可以提升交通运行的安全性。道路桥梁中应用新型的技术可以更好地解决和处理桥梁工程中存在的问题，全面提升结构性能达到使用的需要。

综上所述，道路桥梁是我国非常重要的交通基础设施，对于交通行驶安全性存在直接的影响，基于此，需要积极的研发新型的施工技术，加强施工环节的监督和控制，切实提升桥梁的管理水平，从而可以促进我国桥梁事业的发展，带动社会的全面进步。

第三章　桥梁施工的基本技术

第一节　大跨度市政桥梁施工技术

在城市建设进程不断推进的基础上，市政桥梁工程的建设量也在逐渐增多，经过多年的发展，桥梁结构形式以及施工技术水平得到全面提升。近年来，大跨度桥梁施工技术的发展水平也在不断提升。在市政桥梁工程中应用大跨度桥梁施工技术，不仅能够缩短施工时间，还在技术水平以及桥梁工程的整体质量上，表现出突出的优势。为此，在今后的发展中，我们可以加大对大跨度桥梁施工技术的研究力度，从根本上提升我国桥梁工程的整体建设质量，为市政桥梁工程以及一些山区的桥梁工程建设提供保障。

一、大跨度桥梁施工技术探讨

桥梁工程的建设，不仅关系到城市交通的正常运行，同时还与区域经济的发展有直接联系。只有保证桥梁工程的有效建设，才能促进各地的经济发展水平。从当前的市政桥梁施工工程来看，桥梁跨度呈现出不断增大的趋势，这就为桥梁工程的施工带来了较大的难度。要想保证桥梁工程的有效建设，就必须加强对大跨度桥梁施工技术的研究。下面就针对大跨度桥梁施工技术中的要点内容——阐述：

（一）深水承台的施工

在大跨度市政桥梁工程施工中，由于工程本身具备施工跨度大的特点，在实际作业过程中，需要面临很多地质条件，在施工作业中跨越河流也是不可避免的现象。为了保证整体桥梁的稳固性，需要加强对深水承台施工作业的重视。由于深水承台在投入使用之后需要面临较大的水流冲击作用。为此，对其自身的施工稳定性提出了较高的要求。为了避免水流冲击作用对深水承台结构的稳固性造成较大的影响，我们可以通过加密孔桩的方式来稳固深水承台。现阶段来讲，深水承台基础施工作业中主要施工工序为钢吊箱和钢套箱，对于钢吊箱的施工作业，为了保证安装作业的准确性，可以优先选择水下封底和整体吊装的方式。在一些工程中会存在河床面与钢吊箱平台间距较大的情况，此时可以利用钢护筒平台实现对桩柱的有效固定。

（二）沉井施工

如果市政桥梁施工涉及大型沉井工序，首先应对各个环节施工数据进行准确计算，包括有钢壳沉井加工、下沉和接高、安装浇筑和清基封底工序，如果想要提升沉井施工的准确性需要采取助沉降的措施，从而保证着床时机和高度符合要求。

（三）索塔施工

1. 混凝土索塔

在实际施工作业中，为了保证施工质量符合实际工程标准。在开展施工作业之前，需要做好相应设备设施的准备工作，确保设备设施的完善配置，使其能够为后续的作业提供充分的设备支持。对于桥梁施工来说，最常使用的设备为电梯和塔吊等，这些设备的运行性能和质量将决定着施工工期以及施工的整体质量。就模版安装作业来说，需要依靠塔吊设备对模板进行搬运，将其运输到有效的施工位置，为施工人员提供便利。另外，在对混凝土结构进行施工时，还需要对钢管支撑设备进行有效应用，使其能够为预应力的张拉环节提供质量保障。

2. 钢索塔

在进行桥梁施工的过程中，为了保证桥梁施工能够在工期之内完成。同时，保证桥梁施工的整体质量。一般采用预制桥梁的方式，即在对桥梁施工的整体需求进行全面分析之后，通知厂家进行相应质量的桥梁构件加工。需要特别注意的是，对桥梁的质量需要进行严格检测，保证全部构件符合质量要求之后才能进场施工。相应厂家将桥梁构件运输到施工场地之后，在现场进行组装工作，再利用钢索塔将组装桥梁吊装到相应的位置中，保证桥梁工程的顺利开展。

（四）上部结构的施工

针对大跨径桥梁上部结构的施工，需要采用钢管支架配合混凝土箱梁来辅助施工，在施工过程中由于浇筑方法的问题使得 PK 断面箱梁容易出现裂纹，因此，在实际施工过程中可以采用分块浇筑的办法，使整个箱梁浇筑实现整体式的模式。在进行中跨部分施工时可以采用顶推辅助合拢技术，这样既可以保证整个桥梁受力达到要求，并且有助于对桥梁形体进行控制。

（五）斜拉索

在桥梁施工完成之后，桥梁结构中的斜拉索结构往往需要承受很大的运行拉应力。为了保证斜拉索结构能够为桥梁整体的稳定性提供保障，在进行桥梁施工时，需要尽量减少悬臂的荷载能力。同时，对斜拉索中所采用的钢丝质量也提出了较高的要求。为了保证斜拉索结构能够在桥梁工程中发挥出自身的作用。在实际施工作业中需要先对钢丝给予一定的预应力，进而提升整体的牵引力，这对桥梁工程的使用寿命以及功能性具有积极作用。

二、市政桥梁工程中大跨度桥梁施工技术的应用

（一）悬索桥中的应用

对于市政桥梁工程，悬索桥的施工作业中，需要特别注意的问题为锚道面设置和索力调整问题。实际施工作业中，只有保证对这两个施工环节的有效控制才能确保悬索桥的整体施工质量。就锚道面架设环节而言，为了保证锚道面设置的精确度，需要同期建设监测塔，用于对悬索桥施工中重点承力结构的偏移量监测工作。同时，对于承力索的垂直度也可以起到一定的控制作用；就调整索力环节而言，其主要作用是针对桥梁施工的相应参数进行了解之后，实际工程运行过程中，根据工程开展情况对相应参数进行科学调整，在确保工程整体质量不被影响的基础上，做出参数调整。

在悬索桥吊装的过程中，为了保证桥体的吊装质量，需要根据施工方案，严格执行相应构件的吊装顺序。吊装的同时，对于相应构件的安装精度进行检测，从而提升吊装环节的整体施工质量；合拢段施工的过程中，为了保证实际施工安全，需要留出相应的施工缝，为后续的合孔段作业安全提供保障；混凝土浇筑的过程中，对温度提出了较高的要求，温度过高或者过低均会对混凝土的浇筑质量带来一定影响。在温度较高的情况下，可以采取冷水冷却的方式对混凝土温度进行有效调节。同时，混凝土的自身强度也需要满足实际施工标准，这就需要对混凝土的强度需求进行了解之后，在混凝土搅拌的过程中添加一定的外掺剂，保证混凝土材料质量与施工要求相符，进而保证悬索桥施工的整体质量。

（二）斜拉桥中的应用

斜拉桥分为预应力混凝土斜拉桥、钢斜拉桥、钢—混凝土叠合梁斜拉桥等，其主要有索塔、钢索、主梁组成。主梁的施工方法与梁式桥大致相同，大体上分为平转法、顶推法、支架法、悬臂法，而大跨度斜拉桥多以悬臂法施工为主。施工前应确定零号段为梁的起始段，采取浇筑施工时首先应在托架及支架上进行浇筑，考虑外界因素，应在起始段施工前处理好支架的弹性变形、非弹性变形以及温度变形问题。浇筑过程中主梁合拢段是比较容易出现裂缝的部位，因此需要针对梁的上下板来预埋临时的钢构件，而且在合拢阶段需要随时做好监控工作。

在对某个桥梁工程的合拢施工作业进行探讨之后，可以发现，要想实现对合拢顺序的有效确认，就需要加强对下面几点因素的重视：在进行主梁安装时，需要采用顶推法实行合拢安装。顶推法的主要优势在于，可以根据实际施工状态，对合拢的间缝进行有效调节，进而保证工程质量；斜拉桥安装的过程中，保持斜拉桥平衡是作业的要点之一，尤其是在进行合拢段安装时，需要对另一侧施加一定的压力，尽量保证斜拉桥结构的平衡；为了降低施工风险，需要尽量缩短合拢段的安装时间，避免悬臂长时间处于承力状态，对自身的结构性能造成影响。

经济快速发展的同时，城市化建设的进程也在逐渐提升，市政桥梁工程的建设量也越

来越大。桥梁工程的建设不仅能够为城市发展和交通提供便利，还能促进区域经济发展水平，对国民经济发展具有积极作用。而大跨度桥梁施工技术的应用可以有效提升市政桥梁工程的整体建设水平，有效推动我国桥梁工程建设的进程。在桥梁工程中，除了要保证对施工工序的有效控制，还需要注重桥梁施工的安全作业水平，进而为交通事业的发展提供支持。

第二节　后张法预应力混凝土桥梁施工技术

本节对后张法预应力混凝土桥梁施工技术实践要点进行研究。首先阐述了后张法预应力技术的应用要求，而后分别从支架的安装以及模板的搭设施工、孔道安装施工以及绑扎钢筋施工等多方面，详细地对后张法预应力混凝土桥梁施工技术的施工过程论述。希望探究后，可给相关工程提供借鉴。

后张法预应力为当前重要的桥梁施工方式，技术水平比较高，主要是通过应用混凝土浇筑与张力预应力筋的方式来组合成为预应力混凝土结构形式，可以保证工程的质量合格，利用该技术的施工，可以促进混凝土桥梁的使用性能提升，进而可以保证城市建设的顺利进行。后张法预应力混凝土桥梁施工技术在具体的操作环节，必须要保证各个部分都能够达到技术标准，严格执行规划设计方案，能够消除不利的影响因素，使得项目顺利进行，然后能够缩短时间，降低项目成本。基于此，后张法预应力施工对于我国的桥梁领域发展有着积极的促进作用。

一、施工要求

（一）预应力管道安装要求

管道需要使用定位筋合理的设置在设计要求的位置上。

金属管道接头要选择使用套管进行连接，连接套管应该应用型号稍大的管道来进行，并且保证其密封性符合标准。

管道应留压浆孔和溢浆孔；曲线孔道的波峰部位应留排气孔；在最低部位宜留排水孔。

管道安装到规定的位置之后，就要组织进行通孔质量的检测，如果存在堵塞的问题，要立即开展疏通处理。管道检查符合标准后，应该从前端进行，能够预防内部存在杂物。

管道安装结束之后，对于焊接施工环节，要充分地做好管道防护处理。

（二）预应力筋安装要求

应该先进行穿束处理，然后才能进行浇筑施工。浇筑开始前，要确认管道达到精确度标准，且应该进行转动、抽拉等方式处理，保证预应力筋符合要求。

如果选择先浇筑后穿束的方式，浇筑结束后要进行管道疏通处理，确保通畅度合格，不会影响穿束施工。

混凝土进行蒸汽养护施工方式，养护阶段应该避免装入预应力筋的方式。

穿束结束，到最终的孔道灌浆施工结束后，在规定时间范围内，做好预应力筋防锈处理。

预应力筋周边位置进行焊接作业，要保证进行必要的保护处理。

（三）预应力筋张拉要求

混凝土强度应该达到设计标准要求，如果不能符合要求，低于设计标准要求的75%，就要进行限位模板拆除施工，然后就可以完成张拉施工。

预应力筋进行张拉端的设置，要达到设计标准。如果没有达到设计标准，要达到下述标准：曲线预应力筋或者长度在25m上的直线预应力筋，就可以根据需要进行两侧张拉施工，而长度不足25m的要采取一端张拉的方式。

张拉前要按照设计标准来进行摩阻损失检测，能够做好张拉参数的控制，能够保证伸长值符合技术标准。

预应力筋张拉要根据施工工艺标准来进行，对于设计方案中没有明确规定的，要选择分批、分阶段的张拉施工顺序。

三、后张法预应力混凝土桥梁的施土技术

（一）支架的安装以及模板的搭设

桥梁支架的安装施工开始前，首先应该是进行施工所在地基情况的了解，特别是要检测承载性能。其次进行稳固性处理，从而可以使得桥梁支架达到施工的承载性标准，然后可以按照要求进行安装作业。紧接着是开展模板的搭建施工，此时应该根据施工顺序来组织进行，先是进行底模的搭设施工，然后是侧模的设置，最后才是进行顶模部分的施工。同时，还要做好基础结构部分的固定处理，按照设计要求进行预拱度的设计，对于已经搭设结束的部分要做好质量的检查，以达到技术标准的要求。此外，要想确保该模板符合平整度的标准，要做好沉降量的观察和检测，然后就是保证具体的沉降参数测量。

（二）安装孔道

钢筋绑扎施工环节，可以选择轨道固定的方式来做好预应力孔道的设置处理，从而可使得固定效果合格，保证通畅性合格。很多情况下，都要做好管道长度测定，然后进行套管长度的计算确定。如果波纹管的安装作业施工，应该检查安装施工的质量水平，以确保安装后的跨度距离符合要求。在波纹管安装后，检测确定偏差≤4mm，此外，余下部位的具体偏差则≤5mm。安装质量检测要严格控制，要保证整体的质量符合标准，避免在浇筑施工环节存在位置偏移或者变形等严重的问题。

（三）绑扎钢筋

桥梁施工作业阶段，很多钢筋施工都是非常重要的，可以通过架立钢筋、受力钢筋等作业方式来进行。钢筋绑扎施工阶段，要保证其结构的稳定性，形成符合技术标准的钢筋骨架结构，然后根据设计标准做好标注，并且实施必要的固定、绑扎处理，提高工程的质量水平。

（四）对钢绞线的安装

按照工程的具体状况，确定合适的预应力筋的长度尺寸，在切割作业阶段，要保证预应力筋达到平直的状态，也不会出现表面损坏等问题。下料环节，应该通过铁丝来将预应力钢筋在进行切割两侧端点 5cm 的位置上来进行绑扎施工，然后应用无齿锯来完成切割处理。

钢绞线在没有制束前，为了能够达到平直度的标准，防止存在缠绕的情况，此时应该进行必要的梳理处理，且应该保证移动、制束等环节要做好管理和控制，不会出现磕碰等问题。此外，下料环节，应该做好现场的管控，且需要使用方木与彩布条来进行施工作业。进行下一步施工时，要尽量避免钢绞线和地面进行接触，也要预防出现锈蚀等问题，切忌拽拉钢绞线，能够避免损坏等问题。

因为钢绞线自身也会有较强的弹性，所以下料前应该准备好铁质笼子，将其直接缠绕到笼子上，然后逐条的拽出来，也要防止在作业中伤人事故的发生。

钢绞线在开展进行编束的施工环节，通常会利用 18# 铁线，1 ~ 1.5m 就要开始绑扎作业施工，此时编束处理环节，应该做好理顺处理，能够达到松紧度的标准。

（五）混凝土的搅拌浇筑、养护

混凝土搅拌施工环节，集中拌和是最为有效的方式。该方式的施工中，应该严格按照要求做好拌和环节的管控，一般拌和时间为 1 ~ 1.5min，从而可以使得材料的均匀性提升，能够保证拌和物达到和易性的标准，给今后的工程质量提升奠定坚实的基础。在混凝土浇筑施工阶段，要做好各个预埋件、波纹管的质量管理。通常来说，要做好分次浇筑施工处理，第一次应该做好底板、腹板部分的浇筑施工，第二次需要进行顶板、翼板等位置的施工。要做好混凝土的塌落度控制，且应该进行必要的振捣施工，以保证混凝土结构的密实度合格，内部不会发生存在任何气泡等缺陷。施工阶段，波纹管的防护是极为关键的，要避免造成该部件的损坏。如果经过了一定的时间发现混凝土没有按照要求凝结，要开展必要的养护处理，能够保证其湿润度符合标准，有效地预防出现干湿循环等问题的发生。

（六）后张法预应力中的张拉施工

施工技术的应用中，预应力张拉施工是极为重要的一项工序，施工环节要加强管控，能够避免造成结构稳定性的影响，因此，在张拉施工环节应该做好如下几个环节的控制。

张拉材料应该进行严格的控制，必须要在施工中做好预应力材料的质量管理，进行各项技术指标的检测和分析，能够保证其符合技术标准，以确保桥梁最终的工程质量合格，也为后续的维护与管理提供良好的基础。

千斤顶的性能要符合标准，能够做好各项技术参数的检测，保证数据符合要求，能够进行标定环节，做好进油与回油方面的检测与划分。

对于预应力管道摩擦力进行严格的控制，要随时监测技术参数，一旦存在不合理的情况，应该做好必要的调整额，以更好的保证预应力张拉施工全部达到准确性的标准，为最终的工程质量提升奠定坚实的基础。

（七）孔道压浆

准备泥浆部分：浆液制备开始前，需要使用出厂时间不超过一个月的水泥材料，标号至少为 42.5，同时还应该做好配合比管理和控制。首先应该加入一定量的清水，然后是加入水泥材料来进行搅拌处理，搅拌的时间应该保证在 2min 左右，确保在合理的时间范围内提升工程的总体质量。

孔道清理作业阶段，波纹管部分的施工，会容易出现很多的杂质，比如锈蚀、颗粒等位置，所以压浆施工开始前，应该全面地进行孔道清理施工，确保内部没有任何杂质问题，能够更好地保证压浆施工质量合格。

压浆施工中，最主要的一方面工作就是进行预应力的控制，这是确保桥梁具备承载力标准的主要方式。但是要想使得预应力符合技术标准，应该符合如下的技术标准：首先应该严格控制混凝土结构的紧实度性能；其次应该进行预应力控制，张力应该达到技术标准；再次，桥梁模拟检验应该在一天内进行；最后，应该确保压浆施工的强度、稳定性全部达到技术标准。

（八）封锚

压浆施工作业结束之后，要立即进行两侧水泥浆的冲刷施工，然后是把锚具、支撑板等结构进行多余混凝土全部的处理干净。准备封锚施工的阶段，必须要把两侧混凝土的清理干净，确保两侧的封锚长度符合技术标准，从而可以符合设计标准的要求。

四、桥梁工程施工中需注意的问题

（一）选择恰当的预应力锚具

桥梁施工阶段，要结合工程的实际情况来选择合适的预应力锚具进行施工，禁止使用不符合要求的工具进行施工。锚具如果不同，最终所造成的结果也是不同的。摩阻锚具是很简单的，效率也比较高，但是连接相对比较复杂，程序也有着很大的不同，并且会造成比较大的损失。因此，应该综合分析各项施工要素与施工状况做出分析，最终选择符合要求的锚具来进行施工。

（二）全面研究预应力效应

不管哪一种桥梁施工项目，也不论桥梁的规模，在施工开始前都要实施必要的预应力施工效果的分析，然后是了解各个信息和数据的设置。在预应力分析的过程中，应该综合考虑到各个方面的问题，能够制定出切实可行的问题优化措施，从而可以保证设计方案达到可行性的标准，能够为项目的顺利实施奠定坚实的基础。桥梁工程进行必要的预应力分析和施工，能够及时发现问题并且采必要的处理措施，能够使得项目有序进行，减少不利的影响。

（三）恰当选择钢绞线

为了能够更好突出桥梁施工的特性，应该结合实际情况选择最佳的钢绞线的形式，要保证其符合工程的实际情况，也要达到美观性、实用性等特点。钢绞线的选择过程中，要综合分析各种影响因素，了解实际情况，选择最佳的钢绞线形式和类型，促进工程的质量和进度，符合实际情况需要。

预应力技术在应用，虽然可以产生非常好的效果，但是实际中也有很多的问题，这就需要结合实际情况，进行必要的处理，分析各种影响因素，做好全面的管理和控制。此外，还要结合桥梁工程的施工需要，能够分析施工方案中的缺陷，能够消除不利因素，积极的整改和控制，防止发生严重的质量问题，最终可以提高桥梁的质量水平，也能够推动交通领域的长远发展，产生更高的综合效益。

第三节　城市高架桥梁的施工技术

现阶段，随着我国城市化进程的发展，城市人口的数量也有了明显的增多，城市的交通问题也需要进一步完善，城市高架桥梁可以有效地缓解城市交通拥堵问题。由于城市高架桥梁的施工技术较为复杂，基于此，本节将针对城市高架桥梁的施工技术进行了阐述，希望可以提升我国城市高架桥梁的施工质量。

随着我国社会突飞猛进的发展，城市化进程相对来说也有了一定的提升，不仅增加了人流量，而且也在一定程度上使得我国城市车流更加密集，现阶段，我国交通网络的落后，严重阻碍了城市的可持续发展。随着城市规划的不断加快，应着重考虑城市交通规划问题，想要使人们的日常出行得到有效地保障，一定要完善城市交通系统。在建设城市交通系统的过程中，相关人员要根据人们出行的便捷性，全面的分析通行效率问题。自21世纪以来，城市高架桥梁的建设工作逐渐引起城市各部门间的重视，在城市交通系统运营时，高架桥梁不仅有着占地面积小的优势，而且在同一时间可以通过很多车辆，如此一来，在很大程度上有效地缓解了城市交通压力的问题，因此，高架桥梁在各城市之间都有着很大的发展空间。

一、高架桥梁施工设计原则和相关标准

城市高架桥梁在实际施工的过程中，一定要综合分析城市高架桥梁的外观和建设工期，对当地城市建设产生的负面影响：①在建设城市高架桥梁之前，设计师应全面了解城市高架桥梁的荷载标准，只有这样才能保证城市高架桥梁在使用时，更加的安全可靠；②应根据实际要求，保证施工方案的美观性、实用性、以及经济性；③应保证其满足城市现代化发展的方向；④应保证其耐久性、稳定性、强度以及刚性等符合相关标准；⑤其抗震力度应满足我国规定的检测标准；⑥城市高架桥梁在施工的过程中，一定要全面考虑其整体布局是否满足我国城市现代化的整体环境；⑦应对车速进行科学合理的控制，普遍来讲，高架桥主路的车速最低应在 60km/h，最高则不能超出 80km/h，匝道应控制在 40km/h，而城市地面道路限速应在 30-60km/h。

二、城市高架桥梁施工技术

（一）城市高架桥梁施工技术中施工形式分析

如果高架桥梁施工地的土质较为松软，施工人员应采用桩基的施工方式，这样可以在很大程度上避免因为土地松软，而导致其出现不均匀下沉等现象，进而影响到桥梁的整体质量。由于部分城市道路建设的年限较为久远，道路路面以下的电缆、煤气管道、排水管、以及自来水管等基础管线设施分布的也较为复杂，如果仅仅依靠有关部门提供的数据或者勘测报告，不仅做不出准确的判断，而且也会影响到高架桥梁的施工建设，因此，在高架桥梁施工前，对于地下障碍物较多和地质变化较为复杂的路段，应在设计阶段尽可能详细的获取地下障碍物和地质变化的相关数据并实地进行物探复核，减少地基基础施工的事故发生率。

（二）城市高架桥梁施工技术中桥墩的建设

只有保证桥墩满足实用、经济和美观等特点，才能保证其达到相应的净空标准。首先，应根据城市的实际情况，应科学合理控制城市高架桥的承台厚度，然后根据不同的地段去进行相应的调整；其次，在施工时，应根据城市中不同的高架桥地段，确保其越过污水排水管道，对于城市高架桥梁承台的设计要符合安全要求，普遍来讲，城市高架桥施工时承台厚度的标准应控制在 2.5m，如果有需要越过污水排放管道，其应控制在 14m；根据简支结构，通常情况下双立柱断面的尺寸应在 1.1mm×1.0mm，横桥向外的尺寸则不能超过 5m。在城市高架桥梁实际施工的过程中，如果施工地段较为特殊，桥梁的跨度最低应控制在 30m，同时还应选择后张法预应力混凝土组合 T 梁。

（三）城市高架桥梁施工技术中盖梁高度的分析

普遍来讲，部分城市高架桥梁施工的桥面较宽，因此，在桥面较宽的施工中，应对盖梁悬臂进行适当的调整。但是我国城市高架桥梁在实际施工的过程中，测量高度也是施工过程的难题之一，同时会影响到施工的工期。因此，在城市高架桥梁施工时，应科学合理的调整其坡度，以此来减少盖梁对城市地面道路净空所造成的影响，科学合理的控制城市高架桥梁的坡度。如果遇到以上问题，技术人员应根据实际情况，去制定科学合理的技术方案。普遍来讲，由于中墩盖梁有着负弯矩大的特点，而盖梁的刚度又极强，因此，城市高架桥梁的边墩和中墩，会出现不同程度沉降的现象，对城市高架桥梁的质量有着重中之重的影响。

（四）城市高架桥梁施工技术中主梁的施工分析

在高架桥梁施工之前，想要保证施工措施的科学合理性，施工单位应通过深入分析和对比方法对施工措施进行确定，只有保证施工措施的有效性，才能在提升高架桥梁施工效率的同时，保证桥梁满足经济、安全、美观和适用等特点。在主梁施工的过程中，应深入分析最后的施工措施，充分考虑施工建设中的实用性、安全性、美观性、以及经济性等，比如：高架桥梁上部桥跨结构可以采用预应力空心梁板设计，其主要原因是空心板梁的成本低且可提前加工制作，同时对于钢量的需求量也不大。因此，不仅可以减少城市高架桥梁的建设成本，而且也能在很大程度上提升桥梁的建设速度。

三、城市高架桥梁施工技术中施工过程监测和控制技术

（一）城市高架桥梁施工技术中基坑工程的监测和控制

在城市高架桥梁深基坑工程的过程中，应选择科学合理的监测设备，对基坑周围的围护结构和周围环境进行检测，比如：对深基坑周边的地下水位、围护结构倾斜、地表沉降、支撑应力、以及土体位移等多参数的动态变化进行综合的分析，以此来保证基坑工程的安全。其主要目的是在高架桥梁施工之前，通过理论分析的方式，精准的计算出深基坑围护结构及周边环境的变化范围，然后根据其结果，制定合理的监测方案，能有效地在基坑施工过程中对基坑的稳定性和安全性进行动态管控。

（二）城市高架桥梁施工技术中对混凝土温度的监测和控制

在施工时，相关人员可对大体积混凝土的温度进行科学有效地监测，其着重监测混凝土的浇筑全过程和水化热阶段，与此同时，相关人员可利用全新的技术和手段等，监测养护过程中混凝土升降温以及浇筑温度。与此同时，通过大体积混凝土水化热理论，对其进行计算和分析，然后根据计算和分析出来的结果，对一次性整体浇筑技术是否具有科学性进行有效的评判，以此来提前采取相应的控制措施避免其不会出现贯穿性的裂缝。

综上所述，想要保证城市高架桥梁的施工质量，一定要严格按照相关设计和规范进行施工，要根据施工现场的施工条件，去选择科学合理的技术手段，保证高架桥梁的每一个施工工序都能严格按照设计和规范要求进行。同时根据城市高架桥梁的实际情况，在设计

和施工过程中积极采用新工艺和新技术。只有这样，才能使城市高架桥梁建设的质量得到保证。

第四节　大跨高墩箱型梁体桥梁施工技术

以某工程实例为研究对象，从高墩施工方案选择着手，在深入分析箱型梁体施工关键技术的同时，对大跨高墩箱型梁体桥梁施工技术在该工程的实践效果进行论述。实践可知，在该技术操作时严格的控制施工工艺与做好施工现场的管理，能够切实地提高整体工程的质量。

一、工程概况

本工程是位于大白沟的 2 号大桥（K175+468），整个桥梁共有桩基 126 根，而承台等结构梁为 164 个，与此同时配置的桩柱和盖梁的数量都为 28 个，而对于箱梁数量的设计，通常应控制在 15-40m 箱梁；其中该工程的 2# 到 12# 墩的高度都在 33.3m 以上。由以上具体数据可以看出，此类桥梁属于高墩大跨径，由于其整个施工的难度较大，因而整个施工的进行应与工程的实际状况以及整个规划方案相协调，而就本工程的具体情况和施工特点来看，最终决定采用简支结合的连续梁施工技术。以下是以具体工程案例为参照，从而对此类施工技术进行解读和剖析。

二、大跨高墩桥梁施工关键技术

（一）高墩施工关键技术

高墩施工方案选择。通过与液压翻模和滑膜等相关施工工艺的对照，进而发现塔吊翻转模板在一次性施工方面效果最好，并且其具体操作极为便捷，特别是能够实现多个工作区域的统一操作。对于钢筋、混凝土和模板等施工材料的运输和装卸，通常可以借助于塔吊器械来快捷操作，而塔吊的安装也极为方便，一般只在安装和最后拆卸的时候需要吊车的辅助，由此可见此类技术的应用还是便捷高效的，并且整个工程的运作也非常稳定安全。

高墩施工工艺流程。对于高墩施工的相关流程，大致可分为以下几个方面的部署：首先是绑扎钢筋，接着进行模板翻模的组装操作，在完成以上操作之后就是混凝土的灌注施工，然后对模板实施翻升并施工到墩顶，最后等混凝土凝结达标之后拆除模板。在施工的过程中，对于混凝土的灌注以及模板翻升等多项工作务必确保循环交错推进，并实时检查其施工质量，从而确保整个施工的各个细节都能达到工程的标准。

（二）箱型梁体施工关键技术

清理底模、施工放样。首先要把底模清理干净，通常情况下可以借助脱模剂来达到清理的目的；施工放样的操作应按照梁板的几何尺寸来具体进行，并做好明确的标识。

绑扎底、腹板钢筋。在进行底板钢筋和腹板钢筋绑扎的过程中，需要按照放样的结果作为依据开展施工，在安装前需要对外侧水平钢筋进行安装，其次在对各种钢筋进行捆绑，操作的施工顺序是先进行腹板箍筋，然后在进行水平钢筋捆绑，之后在进行底板与腹板的施工，最后一个环节是对穿梭的底板主筋和水平筋的绑扎。当相关的绑扎工序完成后，需要对钢筋保护层进行全面的检查，从而保证满足设计要求。

安装预应力管道。在安装预应力管道的环节，需要对管道的安装位置进行确定，然后在钢筋定位的地方进行焊接施工，在操作过程中，需要注意的是必须要按照定位钢筋的画线位置，在相隔 1m 和 0.5m 的位置上施工，然后将波纹管与定位钢筋一起固定。

安装侧模。侧模的安装应使用定型的钢模板予以配置，在输送到施工场地之后，通常在现场进行测试拼装。对于侧面的衔接，可以借助于横穿底座的对拉螺栓来实施，模板接缝应确保平直严实。

安装端模、内模。对底模清理干净之后，接着就是均匀涂抹脱模剂，从而确保模板的整洁干净。

绑扎顶板钢筋。以钢筋保护层的具体厚度为参照，进而以梅花形布置水泥混凝土材质的垫板，腹板顶部纵向的钢筋以及顶板水平的箍筋，应使其与腹板钢筋绑扎为一体，与此同时还要对其实施加强和维护。

混凝土浇筑。桥梁混凝土的浇筑工作，通常都是连续性作业，在进行桥梁底板与腹板和顶板位置浇筑时，要按照连续浇筑的方式进行，不能中途停止，以免造成工程质量下降；对于箱梁部位的混凝土浇筑，可以首先从内模的顶部开口的部位开始，并到底板混凝土的浇筑结束。浇筑过程中要严格控制混凝土的配比以及塌落度，另外随后的振捣施工也要严格遵照相应的施工标准进行。

梁板养生。在完成混凝土的浇筑施工之后，接着就是对梁板实施养护，从而保持其表面的湿润和平整。

拆模及凿毛。在对模板拆除的时候，应按照芯模、端模、侧模的顺序依次拆除。与此同时，还要保证拆除的过程中不对混凝土表层结构造成破坏。完成拆模工序后，需要采用手动或是自动的方式，度混凝土的表面进行凿毛处理，在这个过程中，要彻底清除混凝土表面的浮浆，从而确保漏出干净新鲜的混凝土的表层。

预应力施工。对于钢绞线的配置，应确保其明确具体，并按照每隔 1.5m 的标准绑扎铁丝，进而使其绑扎成束并确保平直不弯折。对于张拉前的混凝土强度等相关数据，应确保其达到设定值的 90%，需要注意的是，混凝土的凝固时间不得小于一周，以确保其质量达到施工的标准。

（三）梁板架设施工

施工重点。测量定位：使用全站仪设备进行放样确定，将支座的位置定下来。安装支座：在安装支座之前，应将墩、台支座等部位清理干净，并检查和确定支座的中心位置，对于伸缩缝端的支座安装，可以直接按照设计的标准进行。运梁：梁体的运输可以借助于龙门吊和相应的器械来具体完成。

架桥机架设施工。运梁：使用龙门吊器械把梁吊转移到运梁车上，接着运输梁吊到施工场地。操作时，主要使用起重机将设备的前端起吊，然后在配合拖动车辆施工，使其能向后段移动在操作的过程中，确保 2 台起重小车处于共同前进的状态，这样就能比较稳定地实施梁的纵移，从而最后横移到落定梁体的具体部位。边梁横移到位：在对边梁横移操作并确保其到达设定位置之后，应落在中梁上，接着对架桥机的状态实施调整，与此同时还要认真检测轨道承压的稳固性。其余梁就位：要实现梁体的纵移，可以借助于架桥机来实现，并确保梁体落定在横移的轨道上，接着整机载梁并确保横移到位。

（四）预应力梁体系转换

桥梁施工中最为核心的技术当属预应力梁体系的转换，对于此类技术的运用，应在正式施工之前落实好设计方面的工作，并对施工的具体流程严密部署，从而为整体桥梁施工的质量提供保障。

三、施工控制

（1）在设计桥梁的过程中，应首先对桥梁的结构实施力学测算，进而保障构造的模板符合施工的标准。

（2）影响箱梁质量的因素主要包括温度和混凝土材料等相关内容，因而这些因素的具体指标务必做到切实的控制，另外还要详细记录施工和设计所需的具体指标。

（3）对于梁体结构的控制，一般应确保其结构的稳定安全，并确保其结构设计严格遵照相应的技术参数，与此同时还要特别注意安全系数的设定，从而构建起一套切实可行的数据模拟体系，以确保整个施工的安全高效。

由以上论述可以看出，大跨高墩桥梁的建设确实是一项极为浩大的工程，在整个桥梁的建设过程中，各个施工的技术要点都要切实注意，并作严密的测定和控制，特别是其中的核心技术，应确保其具体施工的技术效果。与此同时还要注重引入各类新技术和新工艺到当前的桥梁建设中，从而为整个工程的高效完成提供技术支持。

第五节　预应力混凝土桥梁施工技术

应用预应力混凝土进行桥梁施工的主要目的是增加桥梁施工的质量，提高人民群众的出行安全。国内桥梁建筑行业经过长期发展，为适应环境，衍生出多种施工技术，其中预应力混凝土在桥梁建设中被广泛应用是大势所趋。因而有效提高预应力，混凝土桥梁的施工技术是现阶段桥梁施工中需要解决的主要问题。

现代化经济发展背景下，建造的桥梁需要有不同的种类以及功能来适应不同的环境，这是促进当前经济发展以及保障人民生活质量迫切需要的变化。而桥梁建筑行业在长期发展竞争中，预应力混凝土施工技术以其安全可靠、节省钢材料、稳定性好、耐用性持久、节省成本的优点在众多技术中脱颖而出，并积极推进社会发展。

一、使用预应力混凝土建造桥梁的优势

（一）裂缝的消除或减少

预应力混凝土具有很多实际性优点，它不仅能够消除或者减少桥梁截面裂缝，也能降低建筑的高度，使工作人员在不同地区建造的不同桥梁的适应能力增强，结构的耐久能力也相应提高。其拥有增大跨越能力的效果，是通过利用高强建材来减少一些小构件截面造成的，用钢量明显减少，与钢筋混凝土用钢量相比，可节省量为30%到40%。但是要保证施工质量，需要使用优质的高强钢材料，还有精度高的机械瞄准具以及纯熟的施工工艺。

（二）稳定性强

桥梁施工中预应力混凝土的某些耐压性强的构件，在受到足够压力时，对其增加稳定性具有明显作用，但是如果这些构建类型较为细长的话，受到强压就很容易被压弯，承受压力强度有限制，更有甚者，构件被压弯，会因为其稳定性较弱而遭到损坏。对于这个问题，采取施加预应力来解决，必须拉紧纵向有受到力作用的钢筋，使得预应力钢筋不会因为承受不住超强压力而导致被压弯的情况。此外，周围的混凝土也会因此增强自身抗压弯能力。

（三）提高结构强度

桥梁构件用的时间较长，承受的压力较为持久，很容易产生构建"疲劳"现象，可以使用预应力混凝土来解决此问题。其中最关键的是它的钢筋是以强大的预应力作为基础，在使用过程中，不管是加重桥梁负荷或者减轻桥梁负荷，都会使预应力的变化幅度无较大差距，也可说其能有效提高桥梁构建的疲劳强度，且其中承受动荷载的结构受益较为明显。

二、桥梁张拉预应力施工分析

建造桥梁预应力的类型一般为三种：水平、纵向以及竖直方向预应力。在进行拉伸操作时，水平和纵向预应力，一般使用钢绞线；而竖直方向的预应力，一般使用精轧螺纹钢，正常情况下都按照纵向、竖向、水平这种排序进行。不过这种情况对混凝土的硬度是有要求的，硬度必须符合正常使用条件，生产年限需要达到 5d 之后，才能进行拉伸操作。初次建造时，相关技术人员需要测试管道的摩擦以及阻力的大小，锚圈口应力是否完好无损，这样不仅能精准测出合适的拉伸距离，也可以测出施工基本拉伸应力值。

三、应用桥梁预应力施工技术关键点分析

（一）水泥浆制作

在桥梁施工中，制作水泥浆时，需要将相关材料按照正确的比例进行混合，将沁水率调到合适的数值。在制作结束之后，分析水泥浆的温度、抗折与抗压强度等，使其达到预应力桥梁的施工条件。

（二）技术的科学性

桥梁建造中预应力混凝土施工技术在不断使用过程中被完善，当前行业内，主要运用的技术有顶推施工技术、悬臂施工方法等，且技术不同其施工侧重点也不同，这就需要专业的施工人员依据实际情况，进行科学合理的判断，应用比较合适的预应力施工技术进行作业。

选择当前桥梁施工过程中应用较多的顶推施工技术进行说明：其特点为应用范围比较广，对交通影响较小。在桥身施工工序中采用的方式为分段浇筑，当浇筑工作完成后，将所有节段连成整体，这就需要采用纵向应力技术。而顶推施工技术在现阶段桥梁建设中正等截面连续梁施工中应用次数较多，但在实际施工现场，要尽可能使滑动装置和千斤顶施工同步进行。如果连续桥的跨度超过 50 米时，要注意在最短时间内，放置临时支墩，且转为单项顶推方式，减少因桥梁架设时承受的荷载过重而导致桥梁损坏的情况。

（三）张拉施工的技术要点

在预应力张拉施工工序中，要提前对桥梁构件进行拉力操作，通过使被施加构件承受一定的拉力后产生形变，使钢结构承受的部分荷载被抵消掉，达到提高桥梁承载能力的目的。这道施工工序操作水平的高低，对预应力混凝土桥梁的质量和使用寿命产生直接影响。做好清洁工作和检查工作之后再进行张拉工作，保证预应力管道及锚口干净且无生锈现象，确认相关材料和机械设备满足施工条件，对没有达到标准的混凝土进行调整。在进行张拉操作时，要避免钢绞线出现互缠现象，要有专业的技术人员对施工现场进行监督，一旦出现异常情况，要立即停止施工，寻找异常现象的原因，解决之后才能再次进行施工。为避

免出现停工现象，施工人员在进行下列工作时，应进行严格分析。一是计算结构截面尺寸，其结果与预应力张拉的伸长值有直接关系，要提高其计算结果的精准性和科学性；二是预应力钢束必须按照规定要求进行检验工作及相关技术操作，才能进行穿束，防止出现不规范现象，要及时更换不合格的钢绞线；三是选用定型模板和符合实际情况的限位板，固定锚垫板时要保持其准确性以及稳固性，避免造成拉裂情况。

（四）灌浆施工

在储存水泥浆的罐子中灌入制作好的水泥浆，通过储存罐将浆体倒入灌浆磊中，经过灌浆磊的再加工，使其通过高压橡胶管流出。当灌浆磊内外放置的水泥浆浓度值相等时，打开灌浆磊控制浆体流动的阀门，把高压橡胶管与灌浆管两者之间的管口进行连接、固定操作。在运行真空磊之前，要关闭灌浆磊的控制阀门，当真空值处于合格范围，打开控制阀门，进行灌浆操作，真空磊在实际施工过程中必须一直处于持续作业状态。当真空端的透明塑料罐中出现浆体时，可关掉真空机，水泥浆会自动流出，当内外浆体浓度值相同时，要立即关闭灌浆磊及其阀门，水泥浆灌注结束后注入管道，两者之间的时间空隙不能大于40分钟。

总之，桥梁建筑施工安全及其质量与人民群众的安全密切相关，对经济建设的质量效果产生直接影响。因此，在使用预应力混凝土进行桥梁施工时，要减少危害问题的发生，使用质量优良的混凝土进行桥梁施工，选择科学的、切合实际的施工方案，高质高效完成每道工序，从而保障使用预应力混凝土建设桥梁的整体质量，由此推动桥梁建筑行业的进一步发展，为提高国民经济做出贡献。

第六节　预应力现浇桥梁施工技术

桥梁工程作为我国交通基础建设之一，其建设质量直接关系到后期使用的稳定性以及安全性，因而在桥梁工程建设中，要严格按相关标准和规范采用科学的施工方法与技术进行施工，以最大程度为桥梁工程质量提供保障。而预应力现浇桥梁施工技术是在现代桥梁建设中应用较广的一种施工技术。因此，本节就预应力现浇桥梁施工技术进行探讨，以期提高桥梁工程的建设质量。

一、预应力现浇桥梁施工的特点分析

由于预应力混凝土技术在桥梁浇筑过程中具有整体性强、变形小的优点，同时由于施工环节方便灵活，因此在我国的公路桥梁建设中应用广泛。预应力技术实际上就是对预应力钢束与混凝土结构的有效整合。通过两种材料的合理应用来提升桥梁结构的稳固性以及结构强度。在针对钢束进行预应力操作时，需要对钢束材料进行有效选择。同时，考虑到具体桥梁工程的施工质量需求,对钢束的预应力加工方式进行合理选择。在针对桥梁施工的过程中,需要尽量避免梁身的自身重力过大,为此会采用体外配置钢束的方式。为了使桥梁结构的结构强度得到进一步保障,在选择混凝土材料时,应该以高标号的混凝土材料为主。具体施工作业时,应注意以下几点内容:进行施工工艺选择时,应综合考虑到施工区域结构的受力情况;进行桥梁浇筑时,可以根据具体工程需求选择浇筑方式;对施工现场的施工情况进行综合分析之后,选择适当的施工方式。

二、预应力现浇桥梁施工工艺

(一)基础处理

在施工开始之前,需要针对施工现场进行详细勘查,了解施工现场的水文和地质情况,并且用适宜的基础加固措施,保证基础的稳定性。一定要注重作业面的地基硬化施工,能够在作业基础面掺入石灰,而且搭配大吨位碾压机对填筑面加以夯实,以增加地基承载水平,夯实完工后浇筑20cm厚水泥混凝土,同时在基础表面施工排水坡,以加强排水性能。同时还要对施工场地杂物进行清理,保证场地的平整度。对于一些松软的地层在进行压实处理,随时监测压实的情况,碾压后,对基础地面进行换填处理,并测量具体的压实度。排水沟宜设置在固化层的外侧,这样地表水不宜积聚,可以有效地防范翻浆冒泥现象的发生。另外,还要做好地基承载力灌入试验的把控工作,以此来对地基承载力进行检测,保证工程基础的良好性。

(二)支架处理

(1)梁体支撑结构。梁体支架的主要构成部分是脚手架,脚手架原料一定要满足钢材的具体使用要求,并且有限使用碗扣式脚手架,由于脚手架在受到荷载作用后,本身的先借点会蒸蛋很大负荷,可是对扣件之中的负荷力增加,扣件更为紧固。尽管增强了可靠性,但对梁体工序运转带来了很大难度,而碗扣式脚手架更容易安装与拆除。脚手架杠的大小与型号需保持相同,在搭设前描绘好框架分布图,并严格计算剪力,报告监理机构。在支架施工中管理好上托与下托的裸露部分,保证外露部分长度不超过300mm。上支撑模板下部最大横杠距离不能超过700mm。全部水平横向杆与水平拉杆均应对位调节,并且加以锁紧。横杠完工后需施工横木,横木和模板充分连接,其根本作用是分散压力,把压力经过立杆传送到地基。在安装环节应管理好模板的预留拱度,全部横纵相接头展开错位施工。就外围梁体控制而言,能够借助剪力撑来增加整个支架的可靠性,剪刀撑施工距离能够选取3m或5m一道。在梁体最底部间隔地表300mm以下部位安装扫地杆。

(2)堆载预压支架安装完工后需实时预压,其主要目的是:检测支架和地基的强度与可靠性;消除整体支架的塑性变化;处理地基的下沉变形;检验支架的弹性变化。支架预压应合理超压,以确保施工过程对超压情况的控制,预压能利用砂带来堆载。支架基础每个检测点持续24h下沉量平均值低于1mm或持续72h下沉量平均值低于5mm,表示支架基础预压标准，在预压后需展开卸载，且对架体展开二次重检。

（三）安装模板

在预应力现浇桥梁施工过程中，严格按照施工要求来选择和安装模板。模板表面要具有较好的平滑度，同时模板还要具备较好的承重能力，在重力作用下不会发生变形，这样可以保证现浇桥梁的承载力。在具体模板安装施工开始之前，需要针对模板进行检查和校正，将在模板上涂抹剥离剂，避免剥离剂污染到钢材和混凝土的施工接缝。在安装底板前，需要根据预拱度数值来安装龙骨底板。根据实际情况来合理确定安装顺序，模板安装时不能绑定在脚手架上，安装完成后需要针对安装各个环节严格检查，保证安装质量与施工要求相符。由于预应力现浇桥梁施工过程中施工要求十分严格，为了保证预应力现浇桥梁的平稳性，需要进一步加强主模板承重能力固定作用，在实际施工过程中，需要重视螺栓的连接，将螺栓拧紧，也可以通过设置拉杆，保证外模大面具有较好的平整度，避免模板发生泄漏问题。由于在箱梁混凝土浇筑过程中混凝土的流动会影响到内部模板的安装，因此在内部模板安装时，利用短方木在垂直方向进行支撑和保护，有效控制短方木的间距、安装长度和宽度、入孔深度等，为后续模板拆卸提供更多的便利。

（四）预应力钢筋施工

现浇桥梁施工建设中，钢筋安装位置非常重要，因而在安装钢筋时应按照施工要求，精准安装位置。在预应力现浇桥梁施工技术应用中，钢筋的规格、数量及位置都必须与施工要求相符合，焊接也要满足技术标准和施工要求：①预应力钢束下料准备要求：预应力钢束的长度需要根据整个箱梁的预应力钢筋设计过程中的弯平程度、锚具类型、千斤顶型号进行分析。在计算确定之后，下料工作需要由专人进行负责，确保整个工程量尺准确、材料顺直。在钢绞线的剪切方面宜采用砂轮式切割机，从而确保切口的相对平整性。②预应力钢束的布置要求：在绑扎以及布置结构钢束时，必须要分析钢筋的立体稳定性。首先可以确定横隔梁和中隔梁的位置，然后再确定绑扎梁腹结构的钢索，这样可以使预应力钢束的稳定性和功效性得到有效地提升。当预应力钢筋穿入波纹管之后，要进行相应的加固工作，否则很容易因为波纹管的位置移动导致整个钢束结构出现倾斜等一系列问题。因此通过相应的加固工作，确保整个钢束处于一种位置精准、线性圆顺、密闭性高的工作环境之中。③预应力筋张拉：在进行张拉时应注意张拉细节的管理。在选取张拉系数时要管理好锚拉的预应力参数，包含锚头损失的管理量。在预应力张拉过程要按照张拉的进程实施适当地加大，把超拉长度视为重点。钢绞线的张拉管理应力与延伸率视为主要控制内容，并且把张拉等级加以划分。预应力张拉流程和钢筋类型及锚具想干。张拉程序要根据设计标准将进行，常用张拉流程需先对腹板钢束实施张拉，按照腹板上不一样的张拉点，从上到下进行。在施工环节一定要注意先后程序，不能随意更改。

（五）浇筑混凝土

在现浇预应力桥梁的施工过程中，混凝土的浇筑工作非常重要，对桥梁的施工质量具有非常重要的影响。在进行混凝土的浇筑时，采用的是二次成型法，施工顺序为先进行腹板以及底板的浇筑，然后再进行顶板的浇筑。在进行混凝土的浇筑时，必须要注意以下几个方面：①浇筑振捣，在进行混凝土的浇筑时必须要利用相应的工具对其混凝土进行一定的振捣，在振捣的过程中由于需要不断地进行移动，因此，必须要距离侧模一定的距离，防止产生一些不良的影响。在进行上层混凝土的振捣时，必须使混凝土达到无气泡并且表面比较平整的状态。②在进行顶板的浇筑时，对浇筑的横坡坡度必须要足够重视。同时，在浇筑到箱梁底板预留孔时，必须首先保证其中没有任何杂物，处于干净的状态，否则需要先进行清理，然后再进行浇筑。③养护混凝土，在浇筑完混凝土之后，需要对其先进行拉毛，然后再对其进行相应的保湿工作，例如进行洒水或者覆盖保护层等，从而避免混凝土受到阳光的暴晒。

（六）拆除

拆除支架以及模板是进行现浇预应力桥梁拆除工作的主要内容，后支的先拆除是进行拆除工作的主要顺序，在进行拆除之前，混凝土的强度必须要达到相应的标准要求，并且要避免破坏其他的建筑结构。不同的模板需要按照不同的方式进行处理，如果模板承受重力，则在拆除之前需要保证符合各种要求；如果模板不承受重力，则在进行拆除之前需要保证混凝土的强度满足要求，并且混凝土的表面没有损坏；如果是进行入孔内模板的拆除，则需要保证混凝土结构没有问题。

交通基础设施的规模正在随着社会的发展而不断地扩大，同时对于工程质量的要求也在不断地提升。在桥梁工程中，预应力现浇桥梁施工技术是非常常见的技术方式，其应用大大推进了桥梁工程的发展。本节介绍了预应力现浇桥梁施工技术，对其施工工艺进行了详细的分析，以期给相关人员提供一些指导。

第七节　先简支后结构连续桥梁施工技术

随着我国经济的快速发展，桥梁道路的建设越来越多。对桥梁工程质量的严格把控及标准制度的完善，不仅能保证桥梁的质量稳定，而且能确保桥梁工程的安全性。通过对先简支后结构连续桥梁施工技术进行分析，提出其存在的问题，并对应用技术要点及质量控制方法进行探讨。

这种施工技术的应用可使桥梁保持稳定状态，保证施工质量和施工效率，同时可适当缩减施工周期，因此在桥梁施工中应用非常广泛。

一、先简支后结构连续桥梁施工技术

（一）简述

我国桥梁施工中，通常使用的施工技术是混凝土施工工艺，这种工艺在使用时会出现很多问题。混凝土施工工艺比较复杂，很少使用机械设备，一般由工作人员操作，很难确保在工期内完成桥梁建设。对此需简化施工工艺，在原来的技术上通过一系列的研究进行改进和完善。运用先简支后结构连续桥梁施工技术可以提高施工水平，缩短桥梁工程施工周期。

（二）技术特点

从本质上看，先简支后结构连续桥梁施工技术是一种比较综合的施工技术，其特点及优点很多。例如，在进行桥梁施工时，有些桥梁跨度较大，这时就可以将这项技术引入其中，该技术可提升桥梁结构的刚度，施工期间要严格把控质量，确保后期使用时不会发生变形，从而保证桥梁结构的稳定性。随着桥梁结构刚度的增强，伸缩缝减小，施工质量提升，车辆驶过桥梁时不会受到伸缩缝的影响。先简支后结构连续桥梁施工技术比较依赖机械设备的完整性和工效。在桥梁施工以外的地带，可利用专用机械设备制作简支柱和简支梁。在桥梁施工中合理应用机械设备，不仅缩短桥梁施工周期，提高施工效率，而且可有效保证工程质量。桥梁施工中会使用到简支柱和简支梁，这两种材料都有材料标准及构建方式，可批量生产，能降低施工成本，适当缩短施工周期。

二、先简支后结构连续桥梁施工流程

（一）预先制作主梁

在预先制作主梁前需勘察施工环境，对施工环境中的地质结构、土壤、周边建筑等信息进行了解，确定好主梁的安放地点，使主梁不会受到外界建筑物等因素的干扰，同时需分析主梁周围的土壤成分，看是否符合主梁建设要求。此外，还需要对主梁的抗拉能力进行试验，通过预应力钢束监测方法进行测试，在此基础上使用压浆的方法提升主梁的稳定性。

（二）支座搭建

从一些案例中可看出，施工单位将标准的主梁建设完成后，需要把2种支座搭建起来，1个是临时支座，1个是永久性支座。在搭建临时支座时，相关工作人员要准确了解桥梁工程实际情况及主梁的相关信息，将钻孔设计好，在钻孔上设置支座，然后对临时支座进行调节，确定简支结构，简支结构所需要的支座是永久性支座。

（三）钢绞线和接头位置的连接

使用钢绞线连接可使桥梁主梁结构中的接头保持稳定。安置钢绞线时可使用便捷的连接方法，先利用钢束波纹管进行连接，再浇筑混凝土。桥梁结构大体可分为顶板钢束和中横梁2个部分。这种方式可以使桥梁中的接头部分变得更加紧固，混凝土浇筑后会更加牢固。对混凝土的刚度和强度进行监测，监测合格后方可进行下一道工序。

（四）混凝土浇筑

混凝土浇筑前需把前面3个步骤按照方案准确实施。混凝土先从中部开始浇筑，然后从两边浇筑。浇筑完成拆解临时支座时需做好风险预防工作，避免橡胶对支座拆解工作造成不良影响。

（五）完工处理

在完工处理阶段需要做好张拉、降压2个环节的工作。在进行之前，需要使用专用设备将主梁管道内的杂物清理干净，完成清理工作后，还需要了解桥梁的伸长值，在此基础上做好计算工作，确保降压孔道内的混凝土不会溢出来，保证工程质量。

三、先简支后结构连续桥梁施工技术质量控制措施

（一）控制临时支座

临时支座的质量控制在先简支后结构连续桥梁施工技术质量控制中非常重要。施工中要严格把控临时支座质量，优化施工流程，将桥梁每个结构部位的施工工作合理地分配均匀。在张拉测试完成后，需要运用灌浆处理工艺，使拆解制作工作顺利进行，保证主梁孔道的对称性。

（二）控制连续现浇梁质量

在施工中，先简支后结构连续桥梁施工技术的核心内容在于连续现浇工作。要准确预估混凝土浇筑的风险，例如，与桥梁衔接时可能会出现裂缝的风险，对此要有针对性的解决办法。同时，在现浇工作中还需要考虑温度、天气、降雨量等影响因素，尽可能缩短浇筑时间，使浇筑工作保持连续性。

（三）提升质量控制人员的综合素质

为有效完成先简支后结构连续桥梁施工技术的质量控制目标，降低施工单位成本、保证工程质量，施工单位需不断提升相关质量控制人员的综合素质。质量控制人员是质量控制工作的第一掌权者，其综合素质的高低对工程质量产生非常重要的影响。对质量控制人员应进行培训，明确讲解质量控制要点，如临时支座、连续现浇梁、主梁接头与湿接缝质量等控制内容。在此基础上培养质量控制人员的创新能力，使他们能不断优化质量控制方法。

在桥梁施工中，先简支后结构连续桥梁施工技术非常重要，有效使用该技术可以使桥梁施工质量得到很大提升，还可预防质量风险。相关工作人员和研究人员需要对先简支后结构连续桥梁施工技术的优势、工艺流程、质量控制措施等进行进一步研究和探索，并不断完善和创新，使其在桥梁施工中发挥出更大的作用，从而保证桥梁工程质量。

第八节　T形连续组合桥梁施工技术

T形连续梁组合结构形式重量轻且外形较为美观，能满足桥梁工程运行荷载所需，在桥梁工程中运用日益广泛。为此，结合桥梁工程实际，从T形连续组合梁的预制、张拉施工、T梁吊装架设、横隔板横向连续和桥面板纵向连续等角度对该技术的应用进行深入探讨。结果表明，T形连续组合桥梁施工技术能有效提升桥梁整体结构性能。

一、工程概况

某桥梁全长 700.45m，其连续组合 T 形桥梁的桥面为左右两幅结构 8+7+8、孔三联 267 片梁，0# 和 1# 桥台为缓和曲线，其余墩台均为直线结构。每片梁先期张拉 1# 和 2# 束，待龙门吊、悬臂吊机、双导梁等设备到场吊装 3 孔，再前移双导梁进行梁下及运梁轨迹下片梁的顺序吊装，后续浇筑半幅横隔板及横向连续、行车纵向边板，直至半幅桥连续吊装完成后进行桥面系施工。

二、T形连续组合桥梁施工技术

（一）T形梁的预制

本桥梁工程位于软基段，T 形梁施工工期长、工序复杂，为预防雨季施工底座可能出现的不均匀沉降，必须重点处理地基。进行预制场的清表碾压，再填筑 0.4 ~ 0.5m 厚的砂性土并分层碾压成型，单层压实度 ≥90%。在砂性土表层 18cm 以内掺加 5% 石灰充当持力层，采用标准贯入仪所测得的承载力 ≥2kg/cm²。为实现基底压力的扩散，应将部分木桩打入底座范围，并在底座扩大基础间与基础整体浇筑 10cm 厚混凝土。基础浇筑采用 C25 混凝土，底座浇筑采用 C30，底座上口镶边用 ∠ 5cm×5cm×0.4cm 角钢，再用 0.4cm 钢板将顶面焊置于角钢上。本桥梁工程采用厚 20 ~ 40cm 的 C25 混凝土底座预制 T 形梁，底面钢筋网为 φ8@200 型号，在底座预留 10 个拉杆孔并上铺厚度 0.5 ~ 0.6cm 的钢板。待加工场加工开始后将钢筋搬运至预制台座并安装就位，并将钢筋骨架底与外保护垫层错开布置。

(二)T形梁的张拉

本工程使用双绞线进行 T 形梁的张拉，双绞线选用前必须严格测量尺寸，避免使用误差，通过切割机完成双绞线切割后，将 1～1.5m 长的绞线编束并按图纸束号标注放置。T梁张拉需要配备 5 台 ZBX-400 电动油泵、5 台 YCW-240 千斤顶、2 套灰浆拌和设备及 2套压浆机。为确定钢绞线张拉力和压力表显示数值之间的关系，首次张拉前必须进行千斤顶和电动油泵压力表的校验。使用双绞线进行 T 形梁张拉前必须进行抗拉试验，且保持匀速和压缩空气的洁净性，待单根梁张拉力达 195kN 时在绞线上标记并测量。待混凝土强度达设计值的 90% 时开始 T 形梁的张拉，中跨梁和边跨梁中张拉 1#～5# 纵向束。T 形梁张拉过程中实行张拉力与伸长值双控，主要是拉应力，若实测伸长值和理论值差距超过 ±5% 时必须处理，单束钢绞线滑丝、断丝率控制在 1% 范围内。

T 形梁张拉结束后 15d 内达到监理设计要求后进行孔道压浆，水泥标号不低于PO42.5，水灰比控制在 0.40～0.50 范围内，泥浆泌水率 ≤4%，拌和 3h 后泌水率 ≤2%，24h 后泌水为 0，拌和时间至少 2min，泥浆稠度控制在 15～20s。泥浆中掺入水泥含量为0.01% 的铝粉膨胀剂，使其膨胀度达 10%。两次压浆过程中管道压力均保持在 0.5～0.7MPa范围内，注浆后使用灰浆稠度仪测定流出后的压浆稠度。

(三)T形梁的吊装

根据桥梁工程设计图纸、《钢绞线试验检测报告》，先完成 1#、2# 束张拉和吊装后，连续浇筑横隔板和梁端行车道板，再张拉 3#、4# 和 5# 束，开始梁中行车道板的浇筑。由于简支梁无法承载导梁前移和 T 梁运进的施工荷载，所以在 1#、2#、3#、4# 和 5# 束张拉条件下，考虑安全系数后 T 梁所允许的安全集中荷载为 28t。

支点设置于桥梁第 10 孔盖梁上，端头紧靠盖梁，下拼单层排贝雷架双导梁，上拼类似结构的悬臂吊机，再铺设轨道和卷扬机天车后起吊悬梁臂到安装位置。待该孔吊装完毕，导梁纵向移动，到位后顺序吊装，并确保吊装完毕的连续桥面能承载任意施工荷载。T 梁吊装过程中必须加强悬臂吊机的尾部锚固以及锚环、8.8 级螺栓预埋位置的确定，本桥梁工程中悬臂吊机应固定在桥梁第 10 孔。由于桥梁上部结构按简支连续组合梁设计，简支临时支点为设计抗压强度至少 30MPa 的硫磺支座，预埋电阻钨丝，T 梁连续组合后通电，硫磺支座随即融逝。在临时支座安装时必须加装两层三合板，分别起缓冲和防止支座融逝烧伤梁底及硫磺四溢的作用。

(四)T形梁的架设

本桥梁工程边 T 形梁架设轨道下端为角钢材料，边 T 梁架设时横向移动轨道下端支点必须垫在梁竖向应力板上，前后横向移动轨道设置 1% 的上坡坡度。边箱梁吊装时，为达到设计要求，必须将中拖轮及前支腿按超过边箱支点 1.2m 设置。中 T 形梁架设时先将其置于运输车辆正中，保持梁两端比车辆小 2m，运输车辆按纵向将 T 形梁运至架设位置后，通过架桥机前天车吊起梁端，在运输车辆同步运行下 T 梁按相同速率向安装位置移动，直至架设完成。中 T 形梁架设过程中必须同时启动架桥机后天车纵向行走系统，待 T 形梁与安装位置相距 2m 左右开启纵向行走慢速运送系统，直至 T 梁到达安装位置后停止运送并借助角度高差调整 T 形梁位置。

（五）T 形梁上部结构连续性

1. 横隔板横向连续

为实现横隔板横向连续悬空操作，先通过钢筋（型钢）加工出至少 49 套小型吊篮，以便承担 2 ~ 3 人在吊篮上完成钢筋绑扎、波纹管安装、模板安装张拉、压浆等的同时操作，为方便移动，应将吊篮顶部临时锚固预应力埋筋。在车间完成横隔板钢筋的制作后运至施工现场，外径 < 50mm 的圆形波纹管预留孔道长度按两头嵌入 T 形梁梁体 3 ~ 4cm 确定。圆形波纹管从预留孔道内拔出的时间也应根据施工环境温度而定，通常情况下，冬季为 6 ~ 7h，夏季为 3 ~ 4h。在钢筋预制场内将横隔板梁体凿毛，并在圆形波纹管就位后采用高强度砂浆封堵预留孔道，防止砂浆泄露。为防冻胀，冬季施工还应用木塞将孔口临时堵塞，禁止孔道内进水。

2. 桥面板纵向连续

用竹夹板制作本桥梁工程 T 形梁，利用拉杆锚将梁间底板锚固于梁面型钢，边梁外缘底板也通过型钢按 2.0 ~ 2.5m 间隔悬挑固定，并保证施工中的刚度。底板架设完成后绑扎底层钢筋网，完成钢筋网定位和波纹管安装，最后，再绑扎面层钢筋。钢筋绑扎完成，将所有钢绞线预埋于波纹管，能够降低混凝土浇筑后再埋设的难度，并保证钢绞线的平顺。

采用输送泵将混凝土运送至梁面，本桥梁工程行车道板厚仅为 20cm，完全可以一次性浇筑，同时梁面有很多辅助施工设施，在桥面板纵向连续过程中必须注意面层的平整性，最好预留 3cm ± 0.5cm 的找平层。待混凝土浇筑强度达 90% 且符合监理设计要求时进行张拉、压浆，对于本桥梁工程分段管道，必须强调压浆管的埋设和密封，以避免漏浆和串浆。待 T 形连续组合桥梁预制、吊装结束，便可按施工进度计划进行桥面施工。

为确保桥梁工程 T 形连续组合梁的施工质量，必须以单梁静载试验及全梁动载试验结果为施工过程控制依据，加强 T 形梁预制、吊装、架设等过程的技术交底，在梁预制前进行 C50 号混凝土及压浆配比试验，并对钢筋、水泥、砂石料、钢绞线等各批次进场材料加强抽检。本桥梁施工在设计单位和施工单位配合完成《T 型梁设计评估及力学行为分析》《单梁承载力试验报告》《T 型梁组合施工控制》等的基础上进行，施工结束后，该桥梁运行情况良好。

第四章　桥梁施工技术的实践应用研究

第一节　注浆技术在高速公路桥梁施工的应用

近年来我国高速公路桥梁事业飞速发展，不管是施工建材还是施工工艺方面都比以往有着很大的进步，这对我国基础设施的建设有着重大意义。建筑工艺的进步对整个公路桥梁的发展有重大的作用，特别是以桥梁施工中的注浆技术为代表，注浆技术能有效地提高结构的稳定性与安全性，它能使桥梁结构的施工更符合规范规定，还能有效降低施工成本、降低施工难度。这项技术的研究与应用对我国高速公路桥梁施工事业的发展有着很大的助力作用。

我国的公路桥梁施工事业在近几年有很快速的发展，但在发展的过程中也存在着不少的技术难题，这些问题的存在严重地阻碍了我国公路桥梁施工事业的进一步发展。注浆技术能解决很多施工中的实际问题，所以我国现阶段必须重视注浆技术的研究与在实际施工中的应用。本节将浅析一下注浆技术的原理与其应用。

一、注浆技术简介

（一）注浆技术的原理

在高速公路桥梁建设的过程中，出现了很多问题，也产生了相应的解决方案，注浆技术就是其中的一种，并在公路桥梁建设中有着广阔的施展空间。在施工过程中，可以利用气压、液压或电化学的科技方法制备满足工程质量要求的泥浆，然后借助注浆设备注入地下结构中去。灌浆后，浆液将在外部压力的作用下分散在内部空间，公路桥梁内部的水和空气将随着浆液注入的同时被排出。经过一系列化学反应后，浆液会聚集在一起形成一个整体结构，它具有更好的耐水性、更高的强度和更好的化学稳定性。目前，有许多注浆技术，如喷射灌浆、压实灌浆和渗透灌浆，但是在高速公路桥梁建设阶段，通常采用压实灌浆和渗透灌浆两种技术。

（二）注浆技术的种类

注浆技术大体上可分为四大类，但在目前我国高速公路桥梁施工中主要应用渗透注浆和压密注浆两种注浆技术。渗透注浆是指在不破坏土壤层的情况下，允许泥浆完全填充土壤颗粒之间的间隙，并与土壤颗粒形成一个整体。在渗透注浆施工过程中，不会损坏排土结构，就可以保证工程质量达到要求。压密注浆主要是应用在建筑物的后期加固上，它的原理是将有一定黏度的浆液注入建筑结构中，然后黏稠浆液形成的球泡对周围的土体会产生挤压作用，从而起到压实土体并使结构变得更稳固的作用。不同的注浆技术适用于不同的工程，在高速公路桥梁施工过程中要结合使用的材料性质和当地气候环境与工程的特点，去选择最适合的注浆技术，以保证工程的质量。

（三）注浆技术的作用

注浆技术的应用能有效地提高工程施工的品质，提高结构的安全性能，并给施工过程带来很大的便利。它主要有两方面的好处：一方面，它可以有效地降低项目的难度，保证项目的顺利进行；另一方面，该技术可以全面提高桥梁的稳定性和安全性，提高桥梁的质量和耐久性。高速公路是城市之间互相交流沟通的重要环节，是公众来往的重要交通渠道，它的安全系数直接关系到公众的生命财产安全问题，所以必须要把桥梁的安全性放在施工中的最首位，这就要求在施工过程中，操作者必须熟练地掌握并使用注浆技术。这一技术的应用对我国的道路交通行业的发展和国家经济的发展具有深远的影响。

二、注浆技术在高速公路桥梁施工中的步骤

（一）准备工作

根据公路桥梁建设的实际情况，施工单位应选择合适类型的机器，并严格检查机械设备，并在施工现场安装完成后，组织专业人员进行调试，确保其能够正常工作。施工前，根据施工现场的情况，合理安排机械设备，根据设计要求和技术规范，在施工开始前准确计算各种施工参数。并根据施工设计要求计算桩身泥浆用量、泥浆喷洒速度等参数。原材料选择符合标准的硅酸盐水泥。并根据项目计划的设计要求，进行测量和放样，检查导线点和水准点是否符合设计要求，并报监理工程师批准。此外，灌浆工艺中应注意浆料的选择，材料分为两类，化学灌浆材料和普通灌浆浆液。材料的组成、形成的时间、环境问题和渗透率都会影响灌浆浆液的整体性能。在实际的注浆过程中，有必要根据这些指标综合分析影响因素，以充分发挥注浆材料的作用。还要详细阅读工程施工图纸，明确施工工艺要求，避免灌浆作业中出现不良现象，并做好技术交底工作，掌握灌浆施工的具体要点，充分考虑灌浆作业参数及相关规范要求。

（二）钻孔过程

高速公路桥梁施工中，当灌浆涉及孔的布置时，孔的布置应根据实际施工情况进行设计，以确定合适的位置。施工阶段，吊装机械钢丝应做好标记，并按标记施工。在冲孔阶段，需要清除土壤渣，每 0.3 ~ 0.5m 钻孔一次，每次 1 ~ 2 桶，以降低泥浆中的含泥量。

在钻进阶段，清渣后应及时加入清水或泥浆，以避免一次抛出过多的黏土。钻孔 4 ~ 6m 后，有必要使用探孔器检查钻孔深度是否达标。一旦出现诸如斜孔和平孔之类的问题，就需要进行补救，调整钻头位置，重新钻孔。钻孔完成后，将直径为 38mm 的注浆管插入钻孔，在套管和管道中间填充大量沙子，并用黏土和亚麻填充表面孔隙，然后将套管拉出地面，用灌浆泵将水泥浆注入射管内部。在这个过程中，必须要确保中间没有中断，否则将导致难以达到项目质量要求。

（三）注浆过程

注浆前，应该深入了解工程的具体情况，选择最佳的注浆速度，确保工程质量。在开口隧道上钻出初始密封结构，然后在底部进行注浆，同时控制水泥与粉煤灰的比例，以避免与标准不符。也要时刻注意压力数值，如果灌浆压力达不到标准，渗漏效果将不理想，质量将受到影响。如有必要，可以拔出灌浆管并检查各部分的紧密度。如果压力突然增加，流速为零，应立即停止机器疏通喷嘴。为了有效避免水泥浆外流，必须先在外围进行钻孔灌浆施工。在浇筑施工阶段，应先进行水压试验，以确定地质灌浆的可行性，并确认管道是否堵塞或泄漏，并结合试验结果适当调整灌浆工艺参数。如果钻孔灌注桩存在严重渗水，就需要水下浇注。在灌注桩基之前，应在桩顶架设临时支架，并使用储料斗灌注第一批混凝土。在施工中，如果灌浆孔侧面有浆液泄漏，则需要使用水泥袋进行封堵。如果漏浆严重，应停止施工，否则将直接影响到整个结构的稳定。为了全面提高灌浆施工的效果，灌浆过程中的所有技术参数必须由专业人员在整个施工过程中记录下来，并且必须了解整个施工过程。同时，还应报监理工程师审查和确定，以确保其所有参数符合项目设计的要求，从而确保桥梁工程的质量。施工人员应注意控制注入网格外部的浆液量，以确保空隙体积等于待注入液体的体积。注浆结束后施工人员应尽快拔出灌浆管，并用 1：2 的水泥浆进行封孔。此外，施工人员应注意泥浆的质量控制。为了确保灌浆过程中浆液的固体质量，施工人员应提前进行灌浆试验，以便更好地使用施工，并严格控制现场材料质量和施工工艺，避免使用劣质材料。每个过程都应该仔细检查和验证，保障使用的材料和施工工艺符合工程规范的要求。

高速公路的发展水平是评判一个国家基础设施建设的重要指标，而高速公路的施工品质更是外界最为重视的参考依据，现阶段我国的高速公路桥梁建设虽然快速发展但也存在着质量不合格耐久性差的问题，灌浆技术能给施工工艺带来很大的跨越，能给施工及工程项目带来很大的好处，所以必须加强对注浆技术等一系列新技术的科研与实践，并在工程实际中积累教训，对遇到的各种状况进行总结分类以此来为以后的建设打下基础。

第二节 碳纤维筋加固法在桥梁施工的应用

首先详细介绍了桥梁施工技术的不稳定现状，列举了碳纤维材料各方面的优越性能，随后讲解了碳纤维筋加固法的原理及碳纤维材料的面积计算步骤，最后介绍了碳纤维筋加固法是如何在桥梁施工中应用的，另外还简要分析了碳纤维筋加固法的应用前景。结论证实，碳纤维筋加固法在未来桥梁加固中将会得到广泛的应用。

一、桥梁施工技术现状

随着社会经济的日益进步，车辆越来越多且载重越来越大，这些因素都增加了桥梁的荷载而以前建设的桥梁由于技术水平落后和建筑材料的单一导致多数桥梁受损严重。虽然我国一跃成为世界上拥有公路桥梁总量最多的国家，但是我国每年危桥、旧桥的增长率也在与日俱增，因此必须要采取最快速、最牢固的方法来解决这个问题。以往我们都是通过体外施加预应力法、增大混凝土桥梁截面法、改变结构体系加固法和碳纤维加固法来解决这个问题。以加固工程效果来说，单独哪一种方法都达不到最好的加固效果，只有把这些方法有效结合起来，才能达到最好的加固效果。即以 A 种加固法为主、以 B 种加固法为辅，具体需要哪种加固法要依据实际情况来确定，这必须通过查看施工现场的外观来确定，当然施工团队的技术水平也是其中的一个考虑因素，一般情况下用粘贴碳纤维加固方法辅以裂缝灌浆或裂缝封闭法加固。

目前，我国的国产碳纤维材料不仅材料不足，而且产品的质量还存在一定的问题，所以采用的碳纤维材料一般都是从国外进口的。碳纤维筋加固法在桥梁施工的应用不仅要把加固效果和耐久性充分考虑进去，还要把桥梁加固后正常运营的经济效益充分考虑进去。进口材料的价格是高于国内的，因此要尽快解决国产碳纤维材料的质量，降低碳纤维加固法的施工成本。

二、碳纤维材料特性

普通钢筋的拉伸强度大概是 240Mpa，而碳纤维材料的拉伸强度大约在 3000Mpa 左右，具有极强的拉伸强度。片材碳纤维材料的弹性模量依据力学性能而分为高模量、中等模量和高强度三类，虽然高模量碳纤维片材有比较高的弹性模量，但是它的伸长率却是比较低的。碳纤维筋加固法所需的碳纤维材料可以通过一系列的制作工艺获得，这种碳纤维材料具有应力应变量完全线弹性的力学特点，其不仅物理性能极其优越，而且化学结构稳定，即使有酸碱盐或者其他具有腐蚀性的化学介质对其进行腐蚀，它也会很好地抵抗腐蚀。除此之外，碳纤维材料还有良好的耐热性和抗寒性。碳纤维布是加固混凝土时所使用的必不可少的工具，它是一种十分柔韧的建筑材料，由碳纤维长丝经过工业编织制作而成。目前，桥梁施工所用的碳纤维材料一般是 CFRP 材料，它的主要作用是成为桥梁弯曲结构的受力点来承受拉应力以避免裂缝的产生。另外，碳纤维材料与钢材相比要轻得多，适合应用在桥梁施工中。总而言之，因为碳纤维片材轻，所以在粘贴的时候更加方便，这给施工带来了极大的便利，值得大范围推广使用。

三、碳纤维筋加固法的原理

根据桥梁不同施工过程，其所使用的碳纤维布的面积也是不同的，一般通过一定的标准算法来计算碳纤维布的使用面积。要把能承受同等力的碳纤维换算成钢筋混凝土，首先假定受力区的钢筋混凝土是没有作用的，其次碳纤维加固混凝土受力部分截面的应变必须保证符合平面变形假定，也就是说钢筋和碳纤维与同等位置的混凝土应变是同样的。然后假定碳纤维材料线弹性应变与应力之间的关系，最后是假定碳纤维布与混凝土完全贴合，没有任何移动。假定后就需要进行缜密的计算，第一步先计算出施工所需的正常钢筋面积，再等价换算成所需碳纤维布的面积，最后计算出建筑所需碳纤维布的用量。

此外，在计算中要注意以下问题：首先是碳纤维的允许应变要保证在极限拉应变的 1% ~ 33% 之间，尽量取较小值；其次是加固以后受拉钢筋的拉应力不能超过钢筋的抗拉强度；然后还要验算构件的受剪承载能力，保证受弯破坏要先于受剪破坏发生；最后碳纤维的粘贴层要控制在五层以内，一旦层数过多混凝土就会变脆，容易破损。

四、碳纤维筋加固法的应用技术

碳纤维筋加固法的第一个步骤就是对混凝土表面的劣化层进行处理，表面的劣化层主要包括粉刷层、风化后的残物、游离在表面的石灰或者剥离的砂浆等污物，可以用打磨机去除这些污物并对表面进行研磨，然后用空气喷嘴和毛刷子把粉尘等去除掉，接着用水洗干净，等到表面充分干燥后进行下一步施工操作。

第二步就是对混凝土面层的不平整部分进行修复工作，不平整部分包括由剥落或者腐蚀产生一些孔隙，甚至出现蜂窝状的大孔隙，这些不平整孔隙都会影响加固效果，必须立刻予以清除。如果遇到钢筋外露等严重损伤，必须先进行防腐蚀处理，再用大于等于混凝土强度的环氧树脂砂浆材料对其进行修复，把环氧树脂灌到裂缝中去，其中要特别注意是否有漏水情况发生，因为只有做好止水处理才能进行下一步操作。

第三步就是对表面平整度进行修正。如果表面有小突起部分就用切割机进行修正，使其表面完整且平滑，还要注意转角处的研磨要求是凸角的半径起码是 20mm；如果表面有坑洼部分就用环氧树脂或树脂砂浆对其进行填补。

第四步就是在底层上涂料，涂料时首先要保证在晴天，而且温度要高于 5℃，并且要保证施工现场有足够的空气流通，施工人员必须要穿戴好口罩和手套等保护装备，值得一提的是施工现场必须严禁烟火，防止火灾的发生。

第五步就是粘贴碳纤维片材，先用剪裁工具根据之前计算出的尺寸大小裁出合适的碳纤维片(注意长度要控制在 2m 以内)。剪裁时只需剪出建筑时所需使用的碳纤维材料数量就可以了，以此来减少因保管不善而造成破损。接下来就是确认施工面底漆的干燥程度，底漆加工超过 7d 以后，用手指触摸来确认底漆是否干燥，确认干燥以后用砂轮机打磨。然后调试试剂，把环氧树脂 A 剂和硬化 B 剂按一定的比例放到拌和桶里，再用搅拌机搅拌使其均匀混合时间长达 2min，注意试剂的用量不要太多，时间太长将会使材料失效，影响桥梁施工效果。用毛刷滚轮把 A 剂均匀涂抹在底漆上面，涂多少要看施工面的表面粗糙程度(转角部分要比其他部分多涂一些)，然后把碳纤维粘在树脂涂布上，用滚轮滚平粘贴面，再用橡皮刮刀顺着纤维的方向推，使树脂浸透且去除气泡，从而使其表面更加平整。碳纤维横向方向不用留任何长度，而纵向方向的搭接长度要保证在 10cm 以上，大概粘贴 0.5h 以后，观察纤维是否平整，如果纤维有任何不平整的情况，必须再用滚轮或橡皮刮刀对其进行修复，重复以上步骤一次。另外要保证施工现场的通风，严禁携带使用烟火。

五、碳纤维筋加固法的应用前景

碳纤维加固技术是一种比较先进的桥梁加固技术，在桥梁施工过程中它具有方便、快捷、有效等诸多优点，这大大地增强了对一些结构极其复杂桥梁的施工效果。而且碳纤维加固技术在另一方面也解决了资源随意浪费的现象，它把有限的资源充分利用起来，这完全与可持续发展理念吻合，响应了保护环境的号召。随着我国科学技术的日益进步，碳纤维加固法不仅有更有效的加固成果，也会逐渐降低建筑的成本。在桥梁建筑过程中，碳纤维加固法逐渐展现出极强的优越性，所以它在桥梁施工领域中有非常好的应用前景，这一点毋庸置疑。

总而言之，碳纤维筋加固法在桥梁施工建设领域是一项领先的施工方法，但是必须在目前我国现有的桥梁加固技术特点下取得创新和突破，潜心研究并且不断地完善调整。可以从国外引进先进的科学技术，结合我国以往桥梁施工建设中积累的经验，研究创新出属于自己的一套技术理念，以此理念培养出更多更优秀的桥梁建筑人员，以使我国公路桥梁加固技术更进一步。

第三节 砂筒式临时支座在连续桥梁施工的应用

在日常的工程项目施工中，砂筒式临时支座原理以及工艺在连续桥梁施工中得到了普遍应用。临时支座在一般的先简支后连续结构的桥梁施工中非常常见。由于这种砂筒式临时支座具有拆装灵活、可靠性高、价格便宜等优点，因此在实际应用中具有一定的价值，很多工程项目借鉴了这种形式的支座。

连续箱梁，一般采用先简支后连续的构体。这种箱梁首先预制，利用临时支座先弄成简支形式的桥梁，再通过浇筑墩顶，使其接缝连续，待桥面墩顶段的钢束张拉完成以后，再把临时支座拆除，这样就把整个桥梁结构的受力情况进行了转化，形成了连续的箱梁。这种受力体系在转化的过程中，临时支座起了很关键的作用，因此，这就要求临时支座必须具有承受力大、牢固以及拆装方便等特点。通过对以往施工过程中临时支座的研究总结，砂筒临时支座具有简单方便的特点，是最理想化的支座之一。砂筒临时支座从开始使用到完成整个桥梁结构受力体系转化的过程中，需要承受各种施工荷载，因此要求不能发生变形以及破坏现象，这样才能顺利完成受力体系的施工转化，以满足施工的基本要求。

一、工作原理

砂筒临时支座是一种密封式的容器，通过钢管焊接而成，在这种容器的底部或者侧面可设一个端口，这样在打开开口以后，容器里的砂就会流出来，从而减少了整个容器内细砂容量，降低了细砂上面的垫块高度。砂筒主要分为两个部分，上面开口部分盛放细砂，即下钢桶，然后在细砂上面放一个上钢桶，这个桶比较小，里面提前放满混凝土，这两个钢桶结合在一起就形成了砂筒。在安装梁板的时候，要先把梁板放在砂筒上，等利用湿接缝连接连续断，并用混凝土浇筑张拉压浆工段完成以后，就可以把砂子在砂筒的侧面开口端放出来，这样容器内的砂子体积就会相应的减少，上钢桶作为支撑梁体的部分就会缓慢下降，随后，梁体在自身重力的作用下缓慢降落到永久性支座上，并把临时支座拆掉，这样就转变了永久性支座的受力体系。

二、砂筒的制作

（一）尺寸设计及技术准备

依据施工过程中的设计图纸，为了方便进行下一步的施工操作，砂筒的高度由墩盖梁的顶面和梁底之间的高度确认。砂筒的高度主要由砂筒放置的位置决定，即墩盖梁顶面和永久性支座的顶面之间的高度差。以砂筒放置的位置即墩盖梁顶面与永久支座顶面高度差，一般选取的范围在 +（15 ~ 30mm）之间。

（二）制作材料

无缝钢管，直径一般为 φ140 ~ 200mm，钢管厚度为 4 ~ 6mm 或者 8 ~ 10mm，准备一些细砂，根据不同的施工要求计算需要使用的数量。

（三）砂筒的加工制作

砂筒的下半部分一般使用直径为 φ140 ~ 200mm，壁厚 4 ~ 6mm 的无缝钢管制作，并且钢板底部的厚度必须要求砂筒的下半部分一般用直径 150 ~ 200mm 的无缝钢管，壁厚 4 ~ 6mm，底部钢板厚度必须大于 8mm，整个砂筒的上半部分的直径要比下半部分的直径稍微小一些，以保证上半部分能在下半部分中自由的旋转。使用 8mm 以上的钢板把顶面板焊接牢固，并用 C30 型号的混凝土把钢管的内部填充均匀并进行抹平。

砂筒的数量需要由最少安装连续梁板的数量来决定，并适当的根据一定的工程时间来安排定制。此外，砂筒的周转日期也要根据一定的工期安排来决定，周转次数没有限制。

砂筒在加工过程中的质量保证要注意以下三个方面：材料的选择、可以调节的高度以及砂筒的焊接质量好坏。材料在选择的过程中主要在于要合理控制钢筒壁的厚度以及钢垫板的整体平整度；可以调节的高度首先要把最低以及最高高度控制好，并且钢筒在下料之前要把垫板的厚度考虑好；砂筒焊接质量的好坏直接影响着砂筒的整体稳定性以及牢固程度，因此要在外侧把钢筒以及上下钢垫板满焊，操作人员的焊工技术要成熟并且持有相应的上岗证。上半部分加工完毕以后，要在钢管中灌注 C30 混凝土，把顶面进行抹平操作，等其达到一定的强度以后就可以使用。此外，砂筒里的砂还要保证一定的质量，砂子要细，含泥要少，烘干以后的含水量不能大于 1%。

三、确定砂筒的压缩量和承载力

在下钢桶里面装上已经烘干的细砂，使细砂高度距离顶面 3 ~ 5cm，再把上钢桶装上，这样就形成了砂筒，在压力机上把砂筒进行试压，根据不同的吨位确定砂筒的整体压缩量，并把压缩量 - 受力曲线绘制出来，这样就可以在实际的安装过程中根据安装梁的重力确定砂筒的压缩量。

四、安装

一般按照 H=A+B+10 ~ 15mm 确定砂筒的安装高度，其中 A 代表支座的垫石高度，B 代表永久性支座的高度。下钢桶的高度一般大于上钢桶的高度 20mm，比如，下钢桶 15cm，则上钢桶的高度为 13cm，并且上下钢桶的总体高度之和要大于 A+B 高度之和 5cm 左右。

一个固定的位置对应一个固定的砂筒，并且其标高分别不同，这就需要在砂筒安装完成以后，要进行相应的高程复核测量，只有在测量复核标准以后才能进行大梁的安装。此外，为了保证砂筒顶部受力的均匀，要在砂筒钢垫板的顶部位置放置 2mm 厚的橡胶皮，这样才能保证砂筒和大梁的底部紧密地结合在一起。为了保证砂子的干燥性，防止受潮，可以用塑料袋把砂筒包裹起来。

五、作业及连续段湿接缝施工

（一）承压作业

承压作业也就是指的是大梁的安装。在安装的过程中，一定要和砂筒的位置对准以后才能进行落梁，以免使砂筒受力不均匀而歪斜。因为一般每个梁的一端放置两个砂筒，大梁由四个临时的或者永久性的支座支撑，因此其稳固性能比较好。

（二）对旧混凝土凿毛

把要进行浇筑混凝土的梁表层混凝土进行凿毛 1 ~ 2mm，在安装以前就要进行凿毛处理，以防安装完毕以后，由于空间比较小导致不好处理。在进行混凝土浇筑的时候，一定要保证新老混凝土的有效结合。

（三）钢筋安装、焊接

要按照一定的设计要求把连续段湿接缝处的两个梁的预留钢筋紧密的集合在一起，利用 502 焊条，在进行主筋连接的时候，按照单面焊 10d，双面焊 5d，并同时安装其他形式的钢筋。

（四）安装模板

安装完钢筋以后，在湿接缝的地方，永久性支座一般配备一个 20mm 的钢板作为底部的一个模板，其他部分使用木模或者钢模，有时候采用竹胶板。在使用的过程中，一定要保证缝隙阻塞严密，不能使浆液漏出来，并利用内拉杆对模板进行固定。

（五）混凝土浇筑

混凝土要与梁体同标号，在拌和站进行集中拌制，用罐车将其运输至现场，然后采用人工方法利用斗车运送到湿接缝处浇筑。

（六）桥面墩顶预应力钢束张拉、压浆

混凝土在连续断湿接缝处的强度要达到 100%，也就是进行墩顶钢束的张拉，张拉作业完成以后，进行压浆作业，等浆体整体固定以后，强度达到连续段处湿接缝混凝土强度达到 75% 就可以把临时支座拆掉。

六、砂筒拆除

临时支座在拆除的过程中应该做到平稳、均匀和对称。工人要在操作平台进行操作，可以在墩柱梁的两边分别设置活动挂篮，这样人就可以站在上面进行支座拆除。砂筒进行拆除的时候，要把砂筒的螺丝卸下来，缓慢敲击放出里面的砂。如果砂子比较潮不容易放出来，可以利用水枪把砂子从预留孔中冲出来，这样既简单又方便。随着砂子的减少，临时支座的高度会缓慢的降低，梁体就会在自身重力的作用下，缓慢地落在永久性支座上，

这样永久性支座就会和梁底以及墩顶进行合理的结合，就完成了受力转换。一旦砂筒比永久性支座稍微低，砂筒就比较容易的从梁底拆掉。

在连续桥梁施工的过程中，砂筒由于具有制作简单、安装操作方便等优点，使用它作为临时支座，根据设计图纸中梁底的高度确定砂筒的高度，以满足桥梁架设的要求。另外，砂筒的承载力比较高，不易变形，比较牢固，通过控制砂的质量，拆除临时支座也比较方便。砂筒在实际应用中可以普遍降低施工成本，因此要大力推广。

第四节　桥梁施工中防水施工技术应用

桥梁防水效果高低直接影响到整体工程的安全性与质量，为了更好地推进桥梁事业的发展，在桥梁施工中做好防水技术的应用非常关键。因此，文章在分析防水施工技术在桥梁施工起到作用的基础上，对桥梁施工中路基面损坏原因进行深入分析，同时详细地探讨了防水施工技术的应用过程，希望可给相关人员提供参考。

为了能够使得路桥工程耐久性达到要求，必须要重视防水工程的管理和控制。从这一方面出发，建设人员要考虑到实际的应用情况，总结出导致桥梁损坏的原因，然后寻找出提升桥梁技术水平的优化措施，为工程总体质量的提升奠定坚实的基础。

一、作用分析

（一）减少不良环境影响

桥梁施工中防水技术的合理使用，能够有效地避免对于环境所造成的不良影响。从很多实践经验总结分析发现，桥梁施工项目所出现的渗水问题，会给地基结构稳定性造成不利的影响，进而导致出现裂缝、翘皮等严重的损坏。这样的问题出现，给工程建设的稳定性和安全性产生不利的影响，减少桥梁的使用寿命。因此，建设人员要从施工技术角度出发，做好防水施工技术的管理和控制，保护路基结构不会因为不良环境产生负面的影响。此时应该注意，道路桥梁施工中防水施工技术的应用效果分析，要了解损坏原因，同时研发出合理的控制技术方法，为工程建设施工奠定坚实的基础。

（二）提高施工整体质量

桥梁工程中的防水施工技术可以全面提升工程的总体水平，满足正常的应用标准。桥梁施工的防水施工是人们关注的重点，研究人员通过技术研发和设计水平的提升，为现代社会发展之下的交通运输起到积极的促进作用，避免过大的交通运行压力产生不利影响。这种条件之下，如果桥梁的整体效果下降，会造成使用寿命不足，难以满足交通运营的要求，还会引发严重的交通事故，对整个交通领域的发展带来不利的影响。

（三）确保材料合理配置

桥梁施工中防水施工技术在具体的应用环节，应该确保材料的选择达到科学性与合理性的要求，组织关键技术人员寻找出材料的控制方法。桥梁施工作业阶段，工程材料的性能对于整个项目的性能有着直接的影响，所以需要引起足够的重视。因为，采购人员进行防水材料的选择中，应该综合考虑工程的实际情况，提升设计水平，尤其是黏滞力、拉伸性能等方面都是重点考虑的对象。此外，由于桥梁的所处环境的复杂性比较高，应该选择使用先进的材料进行施工，从而可以有效地提升施工效果和质量水平。

二、桥梁施工中路基面损坏原因分析

（一）材料原因

当前我国桥梁的施工中，对于材料的采购监督管理是非常不严格的，造成了材料在实际应用中还存在很多的缺陷和问题。从行业数据分析发现，施工材料的性能存在严重的问题，造成了整个桥梁工程的防水效果比较差，主要的表现形式就是运营过程中出现了裂缝或者开裂等问题。一旦出现这些问题，会让桥梁的整体性能下降，导致各个结构部分都会发生严重的质量问题，进而影响使用效果，威胁交通参与者的生命安全。

（二）设计原因

桥梁路基面在设计的过程中，往往会因为设计人员工作经验不足或者没有考虑到工程的设计情况而造成施工效果比较差，进而导致桥梁工程的防水性能无法满足要求。这种条件之下，路桥基面会因为受到负载、环境温度的变化而造成裂缝或者开裂问题，而相对应的防水路基面使用寿命也会降低，造成严重的交通事故。

（三）施工技术局限

桥梁工程项目在进行防水路基面施工环节，工程技术人员要结合国家标准和技术规范来进行，保证整个工程项目达到整体性的标准。但是在具体的施工环节，很多人员却没有重视该方面的问题，造成了防水路基面的平滑性与稳定性都不能达到要求，涂层结构的质量也难以达标，影响整体的应用。此外，桥梁项目的防水路基面会因为外部环境产生比较大的影响，造成其结构的功能性下降。这些问题的存在使得防水路基面无法达到使用的标准，威胁整个项目的运行质量。因此，桥梁工程建设人员应该充分地重视这一问题，寻找出有效的解决办法，促进整体施工效果的提升，满足现代桥梁的应用需要。

四、桥梁施工中防水路基面施工技术应用控制策略

（一）科学配置防水施工材料

本节的笔者从多个方面实践经验分析，确定应用橡胶改性沥青碎石封层法和橡胶改性

沥青稀浆封层方式来建设防水结构，可以达到使用的效果。橡胶改性碎石封层需要在清理完成之后的结构表面喷洒一层油膜，保证均匀性，可以应用液态沥青材料进行施工。如果水泥材料结构层进行施工，先进行透层油的喷洒施工，这是提升黏结力的关键性措施。然后需要在膜上铺设一层碎石材料，粒径需要达到要求，使用胶轮压路机进行稳压成型处理。下部防水层的施工，碎石的铺设范围应该达到 60% ~ 70%。该结构中的碎石材料主要作用就是提升整体结构的抗剪性能，在上表面铺设施工中不会损坏封层油膜的结构。对于橡胶改性沥青稀浆封层的施工方式，是把橡胶改性沥青作为主要是施工材料，制作成为细粒式的冷拌沥青混凝土封层的方式进行处理。将其设定为下部防水结构部分，厚度尺寸要达到 6 ~ 10mm，油石比可以有效提升。这种情况之下，使得封层的密实度、应变特性满足实际需要。这是由于应用了热稳定性比较高的改性沥青，不会出现结构性能下降等问题。与碎石封层是相同，水泥混凝土结构层需要在施工前喷洒透层油。稀浆封层摊铺施工环节需要用水将封层中的剩余孔隙进行填充处理。在摊铺施工之后达到中凝的标准，可以通过轮胎压路机进行压实挤密处理。

（二）泄水设施的设计与施工

水进入到防水层中就会发生流动的情况，在护栏、伸缩缝、立柱等位置上形成积水的形式。在车辆的影响下产生水压的情况，给桥面层造成不良的影响。此外，水的冻融影响之下也会导致桥面隆起，造成面层结构的损坏。因此，在桥面泄水管设计中，除了应该确保其有一定的横向坡度之外，还应该做好桥面防水层的连接处理，使用泄水管进行流出处理，能够避免出现结构层损坏的问题。因此，为了避免桥面漏水，应该从以下几点出发：第一，要严格履行操作规程，不管是哪一个施工环节，都要让操作人员掌握施工工艺和步骤，避免存在人为损坏或者车辆损坏；第二，防水层要从底部开始逐步向上进行铺设施工，预防水进入到搭接缝的结构中；第三，做好现场的监理和管理，防水层施工是一项关键性的工作，要在天气状态好的条件下进行，提高施工速度，一般都要在夜晚施工。如果在冬季环境中使用，有些材料硬脆性比较明显，冬季可塑性很差，必须施工中温度在合理的范围内。

（三）防水施工工艺操作

通常来说，我们需要做好桥梁积水控制，并且将存在腐蚀性的物质清理干净，在表面涂刷一层防水层的方式进行处理。这种处理方式的优势就是成本比较低、操作也非常方便，是桥梁防水工程中极为常见的施工技术方式。但是此时也应该充分考虑，该方式如果操作不当，就会导致工程质量比较差，甚至还会出现桥梁二次伤害的问题。因此，要选择适当的方式：一是要进行基层清扫施工。首先是检测确定水泥砂浆基层是否符合施工作业条件，然后将合理的基层表面进行杂物清除处理，或者在修补结束后进行全面的清理施工；二是应该在一些特殊的位置上涂刷一层基层处理剂，尤其是桥梁的阴角、阳角以及水平面和立面的连接位置上。比如桥梁的平立面交接的位置上，排水口、伸缩缝等位置应该根据需要做好附加层的处理，此时要开展大范围的涂料作业施工；三是特殊位置需要应用合理的附加层进行施工。把玻璃纤维布根据特殊位置的尺寸进行制作，需要稍微大于实际使用的尺寸，可以满足施工的需要；四是在附加层涂刷完成干燥之后，可以进行第二遍涂料的施工，但是要避免涂刷的厚度过大，也不能存在漏涂的情况，要达到表面均匀性的要求；最后是保证第一遍的防水涂料表面干燥之后，就能够开始进行第二遍涂料并且加上第一层玻璃布的涂刷作业施工。通常来说，可以把表面从低到高逐步进行，顺水方向进行连接，涂布施工，严格按照施工工艺进行各层的施工，保证检测合格之后在进行后续的施工作业。

（四）构建系统化防水体系

桥梁施工中防水施工技术要想提升总体的效果，必须要重视系统防水体系的应用。因为桥梁施工阶段的防水系统质量和工程建设稳定性存在着直接的联系，所以技术人员应该在建设防水体系时，采取必要的控制措施。一方面工作人员应该加强施工材料的监督与管理，能够达到使用效果的要求，符合设计标准；另一方面，建设人员应该做好施工工艺管理和控制，充分利用当前的施工技术，提升现代社会的工艺水平质量，满足现代社会的应用需要。

（五）强化后续养护工作

桥梁的防水施工质量水平提升，和后续养护工作有着直接的关系。对于在施工中要进行运输的作业内容，不能在拉毛处理结束之后的混凝土表面行驶。如果无法避免行驶，就应该采取必要的防护处理措施，能够有效预防出现路面结构损坏的问题。在防水层施工结束后，在沥青混凝土结构表面铺设施工前进行必要的养护处理，提升结构的总体性能。在表面行驶中，不要出现倒车或者急刹车的情况，防止造成结构的损坏。此外，桥梁喷涂防水涂料的过程中，应该使用防撞墙进行遮挡处理，在底部进行涂刷施工，通过人员辅助作业的方式提升施工的灵活性。确保路面达到清洁度、平整性的标准，为防水层质量提升奠定基础。

五、防水施工工程质量检测与验收

桥梁防水施工的质量检测和验收也是极为重要的工作，需要通过如下的方式来进行：首先要将所有桥梁施工的防水涂料性能报告进行提交，还要具备生产合格证书、权威部门检测验收报告以及防水涂料的各种质量证明文件等；其次防水层施工结束之后，表面要达到平整度的标准，符合排水的要求，不会有积水的情况；再次涂膜的厚度要达到均匀性的标准，封闭质量合格，没有开裂的问题。涂膜厚度要加强检测，一般是通过针刺的方式来进行；防水层中的胎体铺贴施工方式也是极为重要的，应该严格执行施工工艺和质量控制标准，各个方面都要达到要求，没有翘边、气泡、褶皱等情况存在；最后细节构造部分的质量合格，且粘贴牢固稳定。涂膜防水层要达到均匀固化的标准，然后组合成为整体性的防水层结构，没有任何渗漏的问题。

综上所述，桥梁工程防水施工质量的影响原因比较多，在施工前就要做好各个方面的分析，明确具体的质量控制措施。在此基础上，要设计出科学合理的防水施工体系，选择最佳施工技术和高质量的施工材料，做好各个环节的监督与控制，提升防水工程质量，满足桥梁工程的使用需要，保障交通运行的安全性和稳定性。

第五节 悬臂桥梁施工工艺在桥梁施工中的应用

随着公路桥梁建设水平的不断提升，在当前的公路桥梁施工过程中对悬臂桥梁施工工艺进行研究，对提高悬臂施工技术的应用水平、公路桥梁的施工质量有重要帮助。

一、悬臂桥梁施工工艺特点

在大跨度连续箱梁钢构桥梁施工中悬臂桥梁施工工艺的应用比较普遍。在该工艺应用过程中，因使用的是对称逐段施工方法，能够确保施工过程中的桥下通航及行车条件。此外，在应用过程中，可以利用预应力混凝土能够承受较强负弯矩力的特点，在跨中正弯矩设置支点负距，提高桥梁跨越能力。悬臂桥梁施工工艺的应用优势比较突出，主要特点表现在以下方面：

第一，在运用该工艺进行桥梁施工时，能够减少桥梁吊装程序，简化桥梁施工流程；第二，在悬臂施工工艺应用过程中，不良地形环境对施工工艺应用效果产生的影响比较小，在大跨径桥梁施工过程中具有较强的应用优势；第三，悬臂桥梁施工工艺机械化程度比较高，且开展循环同步作业的速度比较快，在连接以及中跨合拢阶段比较简便，可以节约劳动力；第四，该工艺适用范围比较广，不管是在斜拉桥、拱桥还是钢架桥中，都能进行充分应用；第五，在施工过程中不用搭设支架，桥下的净空比较高，不会对桥下通航、行车需求产生影响，并可以根据梁体制造方式，将其分为悬臂拼装施工方法及悬臂浇筑施工方法两种。

二、在桥梁工程中悬臂桥梁施工工艺的应用

在开展悬臂浇筑施工时，所运用的设备以挂篮为主，在孔道预留、钢筋绑扎、混凝土浇筑施工以及钢绞线张拉等作业都需要用挂篮进行操作。为了保证施工过程能够顺利进行，确保施工人员的生命财产安全，在施工过程中必须设计安全有效的防护措施。在实际施工过程中，要根据每一幅桥的具体桥段进行悬臂浇筑，而桥梁的上下横梁由工字钢焊接形成的。内外模形式以组合模板、定型模板为主。上一节桥段张拉施工完成后，要组装并预压挂篮，然后进行下一桥段的悬臂浇筑作业。在进行悬臂浇筑作业的过程中，必须控制挂篮位置、标高，才能保证全桥的浇筑质量。在实际施工中，混凝土穿线变形、挂篮的变

形量出现变化时，必须要对挂篮的标高进行调整和改进。当悬臂浇筑作业完成后，并且混凝土达到设计强度后，进行纵向钢绞线张拉，完成张拉后，移动挂篮进行下一桥段的悬臂浇筑作业。

在桥梁施工过程中，考虑地形、造价及施工工期等因素，如果使用支架施工难度比较大，一般会使用挂篮完成悬臂施工作业。在挂篮应用中，会在过渡墩顶设置挂篮桁支点，这样可以使现浇段与悬臂桥梁同时进行施工。一跨段桥梁施工完成后，需要开展合拢作业，合拢段施工内容包括以下两部分：第一，边跨合拢施工。将其设置在悬臂部位的主要目的是保证混凝土结构的稳定性，同时要对现浇段的影响因素进行严格控制。在混凝土浇筑施工时，应选择一天气温较低时进行，等到混凝土强度为设计强度 80% 时，必须及时进行张拉作业，张拉作业完成后，根据工程的具体情况按照相应的顺序完成支架、固定装置的拆除作业。一般现浇段主要是以定型钢模或者木模为外模、内模。浇筑作业中，必须将开口设置在箱梁内模的前方顶板，浇筑作业完成后，及时将开口封闭。第二，中跨合拢施工。在完成边跨混凝土浇筑作业之后，已经基本形成了悬臂体系，这时可以进行下一步的混凝土浇筑作业，主要在旋臂间进行浇筑。在浇筑时，需要严格控制混凝土的收缩变形，防止出现收缩裂缝。合拢段浇筑完成后，等到混凝土强度达到 80% 以上，可以开展钢筋束张拉作业。

三、悬臂桥梁施工工艺质量控制要点

（一）原材料控制要点

在桥梁施工过程中，对原材料质量进行控制时，主要是对施工时使用的砂子、碎石、水泥以及外加剂等进行科学合理的选择。在对水泥选择时最好以硅酸盐水泥为主，尽可能避免使用矿渣、火山灰以及粉煤灰水泥。在施工过程中为了保证混凝土的强度以及弹性模量的稳定性，需要根据相关规定对频率进行检查和试验。同时要对原材料进行分类堆放，开展集中管理工作，防止在材料保存过程中出现损耗而影响原材料的使用性能。在对粗骨料级配进行选择时，保证其级配良好是确保混凝土强度的重要措施。除了要保证能够满足强度技术指标之外，还要确保在拌和物输送过程中不会出现堵塞，保证原材料的质量能够满足桥梁钢筋密集的特点，要对粗骨料的最大粒径以及级配进行合理控制。

（二）混凝土配合比设计要点

在悬臂桥梁施工过程中，对混凝土进行配合比设计时，要尽可能保证满足缩短节段灌注周期要求，确保混凝土的早期强度以及弹性模量的较快同步增长，在保证水泥用量的基础上，要尽可能降低水灰比。在实验室试配过程中，对骨料合理选择。在实验室试配时，选择的骨料是完全干燥，而在现场拌和过程中所用的骨料内含有一定水分，需要对其进行准确换算以保证拌和物具有良好的可泵性。在保证混凝土早期强度弹性模量的基础上，可以适当参加高效减水剂，可以满足混合料的和易以及坍落度要求。对坍落度进行确定时，需要充分考虑输送管道的多弯道、多接头、压力损失比较大的特点，同时要考虑到向上泵送时对坍落度进行有效控制，防止出现比较大的倒流压力。

（三）预留孔道施工要点

在进行悬臂桥梁施工时，一般会使用波纹管对连续梁孔道进行施工，在施工中，必须确保连续梁孔道位置的准确性，否则会影响预应力钢筋的方向和位置。在波纹管放置的过程中，要设置牢固，确保接头平顺严密，保证定位钢筋网、钢筋骨架以及模板能够牢固固定。同时在波纹管内可以设置管道钢筋，这样能够增强波纹管的强度。在波纹管的连接部位，最好设置 30～50 cm 的搭接长度，然后在两端进行封闭，防止出现渗水、漏浆以及脱节问题。在混凝土浇筑过程中要防止拌和物直接对着波纹管倾倒而造成波纹管位移或者塌陷问题。在振捣过程中要防止振捣器直接接触波纹管以及管道比较密集的区域而对混凝土振捣作业质量产生影响。

（四）预应力施工要点

现浇段混凝土箱梁强度满足设计张拉的强度时，要根据纵向、横向、竖向顺序完成预应力张拉作业。对横断面进行张拉时，要按照先底腹板后顶板，先下部后上部、左右对称的原则进行操作。在施工过程中需要对千斤顶、油泵等部位进行定期标定。在张拉作业中，要根据初张拉、超张拉、持荷等环节进行操作，同时要严格遵循设计张拉吨位以及程序，在张拉操作过程中可以采取双控，坚持以张拉端位为主，辅助以伸长值校核，同时要对锚具钢丝质量进行多次检查，防止在张拉过程中出现断丝、滑丝问题。

在悬臂施工技术不断进步以及完善过程中，其施工机械化水平越来越高，利用电子计算机对桥梁结构内力进行准确的分析计算，加强施工过程的质量控制工作，能够促进悬臂施工技术的进一步发展。悬臂施工技术已经成为现代大跨境桥梁建设过程中使用的主要施工方法，对悬臂施工技术进行充分应用，能够提升桥梁建设质量，并且有利于推动桥梁建设朝着高强、大跨的方向发展。

第六节　桥梁施工中悬臂挂篮技术的应用

悬臂挂篮技术是桥梁建设中常见的一项技术，为了对该技术的应用情况有更加全面的了解。结合实际，依托某项目实例为研究背景，详细地阐述了桥梁施工中悬臂挂篮技术的应用要点，希望分析后可以给相关工程提供参考。

交通道路桥梁建设是我国基础设施工程中较为重要的一项，推动了经济的发展。随着社会的不断发展，我国的交通建设范围越来越大，尤其是在一些偏远的地区建设的跨越河流、道路的桥梁越来越多，这种跨越式的桥梁可以在不影响桥下河流道路正常通行的情况下，满足来往车辆的行驶需求，更好地方便人们的生活。因此笔者将在本节中对跨越式桥梁工程的建设进行相关的讲解，希望能对相关人员起到指导作用，更好地推动我国跨越式道路桥梁建设。

一、基本工况

江西某桥梁工程长度为 464.44m，属于跨越式桥梁，主桥的整体结构为三跨预应力混凝土变截面连续箱梁。在中跨梁底采用的是抛物线式设计，确保了整个桥梁的流畅美观，在确保桥梁质量的同时满足人们的美观需求。

二、施工技术难点、重点

（一）悬臂现浇、临时支撑牢固

进行悬臂箱梁施工时需要重点保持整体箱梁的平衡，同时要确保施工的对称性，尤其是 0# 块的临时支撑，相关的施工人员要重点关注。

进行临时支撑是设置时需要重点进行材料的选择工作，临时支撑对于材料的要求较高，需要使用高强度的材料进行临时固结施工，要确保材料的高强度、高抗拉强度等，通常情况下，施工单位都会选择钢管柱、贝雷、扇形组合支架等材料。

本次工程的施工，结合了施工现场的具体情况和本企业施工单位的材料使用情况，决定选择钢管桩进行此次工程的建设，确保材料的重复利用，施工的经济环保。

进行临时支撑的第一步是进行桥梁结构荷载、施工荷载等多种数据的计算工作，根据计算的结果进行材料的选择。

对施工工程的标高、支撑位置等进行检查，确定各个部位的具体参数，根据桥梁各个部位的具体情况进行焊接等工作，确保整体工程的稳定性。

在多个钢管桩之间使用槽钢进行合理的焊接，形成较为稳定的剪刀支撑。

进行临时支撑的施工工作时，重点要对钢管桩的高度、垂直度等情况进行检查，以确保临时支撑能够满足桥梁施工的要求。

（二）设计节段重量大、挂篮钢构承载要求高

进行本次工程施工的 1# 节段长度为 3.5m，总重量为 134 吨，主箱梁的结构为单箱双室。挂篮结构形式有三脚架和菱形两种形式，通过对实际情况的分析，施工单位决定使用两组三角形钢桁架的组合进行挂篮的施工，这样能够确保整体结构的稳定性。

进行主梁钢桁架的设计：选择 40a 的双拼槽钢焊接而成，计算出结构荷载程度，保证最大荷载要求。

从经济角度出发，如今的社会中存在着许多的个人或者企业出租一些较为廉价的低质量的挂篮，这些挂篮的质量极差，虽然降低了企业的施工成本，但是完全不符合企业的质量要求。因此，施工单位不可进行租赁，要从整体工程的质量方面出发，选择高质量的挂

篮建设。

上下横梁承载力和刚度的合理设计：上横梁的承载力区域较为集中，各个部分承受的压力较大，因此，在进行上横梁的建设时要使用高质量的材料；而下横梁承载力较为均匀，各个部分承载力较小，可以相应地降低对于下横梁材料刚度和荷载力的要求。

在桥梁的使用过程中，桥梁的主体结构不可避免地会出现变形的情况，但是总体的变形量不能超过 2cm。在进行施工的过程中要确保上下横梁的建设质量，避免较大变形量的出现，防止安全事故的发生。

三、挂篮设计

深入分析和了解箱梁结构尺寸、悬臂工程技术要求，为了能够符合项目安全、质量方面的要求，就要做好进度方面的控制，在挂篮设计阶段，应该选择应用钢加工的方式来完成，一般都设计为三角桁架的结构形式，抗倾覆平衡方式做好锚固部分的施工。挂篮结构在设计的过程中应该符合下面几个方面的标准要求：

要达到最大梁段承载性能部分的要求，即重量为 3350kN。

所使用的工程梁体结构部分宽度尺寸应该达到 10.0/13m。

施工节段长度尺寸为 3.0m ～ 4.5m。

梁体结构高度尺寸应该能够达到 4.5-10.0m。

挂篮应该符合承载重量为 7900kN 以下。

利用平衡度要求较低的方式来组织施工。

应该确保整个结构部分的抗倾覆系数至少在 2.0 以上。

挂篮各个部分的尺寸允许偏差控制在 20mm 以内。

四、悬臂挂篮施工工艺要点

本节的重点在于分析挂篮施工的工艺要点，通过确保工艺要点的重点施工进行高质量桥梁的建设。

（一）挂篮的安装工作

挂篮结构部分在具体的施工开始前，应该做好各个专业设备的检测，确保能够应用到工程实际建设中，各项准备工作能够顺利进行，避免存在任何疏漏的情况。在安装作业进行中，要结合具体的项目实施流程来组织开展工作，使各项操作达到标准的要求。此外，还应该充分地保障作业人员的生命安全。在挂篮安装作业全部结束后，应该进行全方位的质量检查，这是极为关键性的一部分工作，能够达到工程的安全性要求，还能够保障工程的总体质量，必须要按照要求开展进行。

（二）挂篮压载试验

如果施工单位在施工过程中选择使用悬臂挂篮作业方式进行施工，在工程开始之前，需要组织专业技术人员来开展柱桁架等结构部分的承载性能检测，以更好地保证施工作业阶段不出现任何变形、损坏等严重的问题，否则将会给企业造成巨大的经济损失，也会给人员生命安全带来不利的影响。主桁架压载试验全部结束之后，就要开始进行悬臂挂篮的整体结构荷载试验。荷载试验的柱模标准是检测确定悬臂挂篮是否达到承载性能要求的基础条件，能够避免在施工中出现结构损坏而引发的严重安全事故，充分地保护人们的生命安全。技术人员应该做好全面的检测，各个细节的工作不容忽视，还应该根据需要绘制出具体的挂篮弹性变形曲线形式，给今后的施工起到积极的促进作用。

（三）挂篮的预压

预压工作的进行，主要的目的是为之后的工程施工提供合理的依据。在完成挂篮的组装工作后，根据施工的具体情况进行加载受压，对出现的变形量等数据进行记录，为之后的工程施工提供建设依据，通常情况下，在加压的过程中，需要使用1.5t的土袋进行加载，确保实验数据的准确性。

（四）挂篮平移

在进行平移挂篮的工作前，相关的工作人员要首先进行横梁前后吊带的调整工作，将横梁的前吊带进行放低，同时将横梁的后吊带进行解除，通过钢丝绳将后横梁进行起吊，然后使用相关设备进行挂篮的平移工作，在平移的过程中要确保箱梁的平行对称。

（五）吊带、吊索

吊带和吊索是进行挂篮工作时的重要设备，两者通常情况下交替进行施工，在整个的施工工作中起着了重要的作用，相关的施工人员要对吊带和吊索的受力情况进行合理的计算，通过计算的数据和具体的施工情况进行吊带吊索的合理选择。

这两种工具在使用的过程中是无法互相替代的，因此，不论在何种工况下，都要确保这两种工具的质量，防止出现施工问题，两者中的任何一方出现了问题，都会导致施工安全事故的发生，因此，相关的施工人员要对这两种材料进行重点的监督。

综上所述，济宁悬臂挂篮的施工过程中，需要对于每一个工艺的细节进行全方位的重视，防止出现施工问题，确保各个细节的准确顺利，保障整个工程的顺利进行。

五、悬臂施工的方案

进行梁体的施工时，施工人员要按照 2 ~ 5m 为一段的情况进行分段，挂篮是施工中的主要施工工具。

使用挂篮施工的方式有多个方面的优点，其具体的优点体现在如下几方面：对梁段模板起支撑作用，确保整体位置的变化；在进行材料器具的吊运方面可以实现较好的运输效果。在混凝土的浇筑时可以确保混凝土的浇筑质量，通过进行现场浇筑以确保整体效率的高效性，使用挂篮也是最为有效的方式。在施工的过程中要注意使用三角托架承重。

使用悬臂浇筑施工与其他浇筑方式存在许多的不同，施工人员要对此项施工的多项方面进行重点关注：例如，在进行混凝土的运输工作时，施工人员要根据施工地点和搅拌场地的距离进行合理的运输车辆的选择，确保混凝土能在规定的时间内运送到施工场地，防止混凝土因运输时间较长而出现质量问题，在运输的过程中也要进行搅拌，防止混凝土凝结，在混凝土运输到施工结束需要进行严格的检查，确保质量没有问题后再进行使用。

一般情况下，悬臂施工的时间都会控制在 6 ~ 10 天，施工单位要根据此施工时间进行混凝土的制拌和人员的安排，确保混凝土和施工人员能够满足施工在规定时间内的质量要求，尤其是混凝土的养护时间要考虑到位，在混凝土凝结后必须要进行混凝土的养护才能确保整体混凝土的质量，在施工结束后，要安排专业的人员进行混凝土的养护工作，确保养护的及时性，防止出现混凝土裂缝等问题。

六、提高悬臂挂篮技术的质量控制措施

（一）合理选择材料

为了能够让悬臂挂篮施工的总体质量达到设计要求，在工程开始进行的过程中，应该做好各项准备的具体工作，比如，原材料合理选择、质量检查、性能测试等，任何存在质量问题的材料都不能应用到实践中，要从根本上消除所存在的质量安全隐患方面。此外，还应该积极地开展技术交底工作，所有施工人员都能够掌握必要的施工技术，了解设计方案的内容，按照设计要求开展，使各个细节部分都能够得到有效控制，确保各项工程达到标准要求，预防出现严重的质量事故问题。

（二）对结构挠度进行严格把控

在悬臂挂篮施工过程中，线形控制对于整个工程的质量存在直接的影响，要想使得线形符合工程设计方案的标准和要求，工程人员就应该保证结构挠度参数达到标准固定。在项目的实施作业阶段，要进行整个基础结构性能的全面性分析，各个部分都要达到工程技术标准要求，同时还应该落实线形的检测和应用，主要是出现任何方面的问题，都应该立即组织进行调整和处理，以达到桥梁工程的施工技术标准，提升工程的总体质量水平了，延长使用年限，达到正常使用要求。

（三）对压浆和预应力张拉过程进行合理管控

压浆施工也会给桥梁质量产生影响，为了确保压浆的质量合格，工程人员要严格执行相应的技术标准，保证水泥砂浆材料的质量合格，各种材料的配合比例都要达到要求。悬臂挂篮施工应该加强各个工序的管控，张拉施工完成后就要开展压浆作业，防止预应力筋暴露在空气中时间过长而导致锈蚀严重的情况出现，以避免质量缺陷问题。

综上所述，在进行跨越式桥梁建设的过程中需要选择高质量的施工工艺和施工技术，确保工程建设的质量，同时相关的施工单位要加强对施工技术的和工艺的学习，在施工之前要做好施工现场的勘察工作，根据勘察的数据进行针对性的施工。随着社会经济的不断发展，我国的跨越式桥梁建设会越来越多，相关的施工单位要重视对桥梁建设相关技术的学习，建设出更为高质量的桥梁，更好地促进整个国家经济的发展，方便人们的日常生活出行。

第七节　桥梁墩台滑模施工技术的应用

本节以桥梁墩台滑模施工技术为研究背景，对该项技术在桥梁工程建设中的应用要点进行分析。首先阐述了本次项目工程的基本资料与设计要求，然后分别从桥梁墩台滑模施工准备、钢筋绑扎施工、模板安装施工以及混凝土设计浇筑和模板滑升施工等方面综合论述了桥梁墩台滑模技术的实践过程。由分析可知，通过桥梁墩台滑模技术的应用能够提升桥梁建设的进度与质量，此类技术值得广泛推广使用。

高墩桥梁是非常重要的桥梁结构形式之一，其施工质量也是人们关注的重点。其中，滑模施工是主要的方式之一，它可以大幅地提升施工速度、缩短工期，保证工程质量合格，降低成本、提高经济效益。

一、工程概况

某桥梁工程项目总长度为 400m。因为当地的地形条件比较特殊，所以建设成为高架桥的形式，上部采用的是 8×40m 的先简支后连续预应力 T 梁的形式，只有桥墩部分应用的是实心墩；下部结构则全部应用矩形空心墩的结构形式，桥台是桩柱的结构形式，且有部分桥梁下部跨越河流的形式前进方向与水流方向以 60° 的右偏角存在。根据本次设计标准要求，桥梁水位为 227m，高度达到 320m 以上的标高与 57m 以上的最大桥墩，且并不会受到水位的影响。但是桥头部分的断面形式影响比较严重，尤其是其长度尺寸的影响最为明显。结合勘察结论分析，该桥梁施工地带的地质为碎石土、强风化砂岩、弱风化砂岩等。

二、桥梁墩台滑模施工技术

（一）施工准备工作

施工人员应充分了解设计图纸和技术标准，并根据工程的需要制定合适的滑升施工方案。在滑模设计的过程中，比如，围圈断面、围圈材料、模板等都要结合墩台的结构确定设计方案，综合考虑具体的结构尺寸性能，然后再确定各项技术参数，最终应用千斤顶与模板联合的方法进行施工，同时将各个结构部分进行设计图纸绘制；根据需要确定爬杆的位置、数量与材料，分析以往在工程中应用 25 圆钢的不足之处后，该工程确定使用 48×3.5mm 的钢管材料。另外，还要结合实际情况计算确定具体的应用数量，确保各个结构受力均匀，达到同步提升的要求，保证安全性。同时，预留 1.5～2.5m 的间距，按照标准确定墩台截面，保证爬杆设置在混凝土结构的中心点。在滑模结构完成之后，就要开始试滑作业，在此过程要做好各个方面性能的检测，达到要求后才能开始组装应用。滑模施工对于技术要求是很高的，因此在施工中应该做好组织和应用，形成完善的安全保障体系，保证工程质量达标。

（二）钢筋绑扎

一般来说，模板组装施工开始前应该进行钢筋绑扎作业施工。第一次进行水平位置上的钢筋绑扎施工，要保证和模板高度是相同的。滑升工作开始后，将上部的钢筋直接绑扎到模板的上口位置上，然后是和千斤顶横梁的间隙内，使施工可以有序进行，每个竖筋的结构尺寸都不超出设计的要求。墩柱底部进行混凝土结构的浇筑施工时，应该根据标准按照临时支架的结构，确保主筋的质量合格。基座表面的裸露钢筋强度合格且截面一致的情况下，接头数量是主筋的一半左右。钢筋的接头采用的是搭接的方式，一头进行焊接之后，才能进行另外一头焊接，以此确保两侧的焊接质量合格。为了保证滑模施工环节主筋的位置精度合格，可以使定位筋沿着主筋滑动进行调整，以此使各个部位的间隔距离合格。定位架是应用圆钢筋焊接制作的，其直径为 12mm。

（三）组装模板

模板的组装是比较重要的工序，通常会按照如下顺序进行：千斤顶与围圈、内模板、平台、千斤顶、爬杆、水位计或者标尺、操作柜、内外吊架。要想根据标准要求控制好各个面的标高，可以利用千斤顶做出调整，合理使用垫块。顶架安装距离与模板上口应该保持 45cm 以上，从而保证水平钢筋绑扎顺利进行。围圈的刚度要符合标准，一般都会选择刚性性质的围圈，上下交错布置。如果墩台的结构是直坡式的，在安装模板的过程中，则需要保证下口锥度为模板高度的 0.5%，且断面尺寸确保符合准确性的标准。模板安装施工前必须进行润滑剂的涂刷作业，可以降低摩擦阻力。液压千斤顶安装前，需要进行试压操作，同时还要顺直性的插入爬杆内部，以确保两者的受力达到标准。油管组装之前，需要做好试压作业，保证各个结构部分全部符合技术要求，如果存在问题要及时处理，防止存在严重的质量问题。

（四）混凝土配合比设计

在混凝土配合比设计的过程中，考虑到桥梁墩台的耐久性与安全性问题，尽量选择使用低流动度或者半干硬的混凝土进行制作，同时要保证和易性合格，不能有沁水、离析等缺陷存在。在混凝土配合比设计环节中塌落度为 3～5cm。确定配合比参数时主要是根据出模强度来确定，如果强度相对较高，则会出现模板与混凝土表面存在黏膜的情况，滑升效果比较差，且存在掉角、拉裂等缺陷；如果强度过低，则会出现坍塌事故，且不能承受灌注混凝土的自重标准。混凝土出模强度通常会处于 0.2 ~ 0.3MPa 之间。此外，还需要控制凝固时间，主要是控制初凝与终凝的时间。如果混凝土内的凝结硬化速度很低，会出现滑升速度不足的问题，此时应该加入适当的外加剂，以提升其结构的性能，比如速凝剂或者早强剂；同时，结合实际情况确定合适的加入比例，确保施工质量合格。

三、浇筑混凝土和模板滑升

（一）初浇初升

首次浇筑混凝土的高度控制在 60 ~ 70cm 之间，分层浇灌，2 ~ 3 层即可，总计需要花费大约 3h 左右，然后就能开始模板的提升操作，高度约为 5cm；然后是检查混凝土结构强度，确定是否满足标准，达到规定强度要求可以再上升 3 ~ 5 个千斤顶的行程；接着需要进行千斤顶液压系统的检查，保证各个结构部位可以正常的工作，以此再进行滑升作业。在滑升的过程中，需要保证中心线的位置达到精确度的要求，并且根据实际情况做出千斤顶的顶升差调节，且要做好特殊位置上的调节处理，同时还应该检查预留孔洞、预埋件的埋设等结构。如果脱模后存在表面缺陷的问题，则要立即采取措施整改处理。整改时需要使用砂浆材料，同时保证水泥砂浆材料和混凝土材料是相同的，并确保各个部分的结构强度完全达到标准的要求。

（二）随浇随升

如果环境温度处于正常的范围内，则滑升的速度需要控制在 20 ~ 23.5cm/h 之间，连续进行绑扎、浇筑、千斤顶开启与模板顶升等操作，直到整个结构施工完成。每次需要进行交圈、分段、均匀浇筑等环节时，单层厚度为 20 ~ 30cm。滑升速度根据实际情况确定，通常用手就可以感受到硬度的变化，其表面比较湿润，用力可以按压出深度在 1mm 左右的凹陷。脱模完成之后的 8h 左右就可以进行养生施工，在此过程中应选择合适的养生方法，比如表面缠绕塑料薄膜等，也可以在表面喷洒养护液。

（三）停升与末浇

因为施工等方面因素的影响，如果施工中出现无法连续滑升的情况，那么就要停歇处理。混凝土的浇灌施工到相同水平面之后，间隔 1h 需要提升模板，防止混凝土与模板粘连而无法脱离。在全面检查液压系统时，应在达到要求后继续滑升作业。根据施工缝处理方式进行施工，浇灌到最后 1m 的高度时，应该进行抄平找正处理，做好质量管控。浇灌时要均匀进行，可以根据需要调整浇灌施工的方向，但不能有扭转或者倾斜的问题。振捣环节，不能触碰钢筋、模板等部件，一般都会插入下一层混凝土约 5cm 深度进行振捣施工，以达到最佳的效果。停止浇灌的过程中，需要继续提升模板，确保模板与混凝土不会发生无法脱离的情况。拆模需要在其结构强度为设计标准的 70% 时才能进行，以达到安全性的标准。

四、滑模施工质量控制措施

（一）墩台倾斜

平台上存放施工材料时，不能出现倾斜的问题，其中分段、分层、对称是浇筑施工的主要原则。滑升作业阶段，要严格控制各个千斤顶的升差，并且应用水平仪检测，以保证合格。

（二）爬杆弯曲

要想全面提升爬杆的承载性能，应该防止出现弯曲的情况，且应用符合施工标准的施工材料，只要是爬杆存在弯曲的问题，就要立即处理。弯曲严重时，应进行切除更换。

（三）墩台施工的安全控制

墩台施工的安全控制要从下述几个方面出发：通过在现场悬挂安全网的方式消除高空坠物的危害；所有施工人员需要系上安全带，以防止跌落；做好漏电防护，安装防护装置；雨季施工应该设置防洪设施；执行现场管理制度与操作规程。

综上所述，滑模施工应用到桥梁工程项目中有显著的优势，其成本低、施工周期短，已经是高墩桥梁中极为重要的施工工艺之一。在施工中，需要加强各个工序的管理，做好安全控制工作，提升施工技术水平，满足高墩桥梁的施工标准和要求，积极促进我国桥梁事业的发展，推动经济与社会的全面进步。

第八节　BIM 技术在桥梁工程施工的应用

基于 BIM 技术发展现状以及作业人员对桥梁工程施工的安全意识淡薄、现场安全监管力度不足、机械设备管理不到位等问题，本节分析了 BIM 技术在桥梁工程施工的前期筹备，比如，桥梁工程施工过程中对施工进度把控、可视化安全技术交底、协调施工部位安全防护、模拟现场和应急情况等几个方面的具体应用，总结了 BIM 技术在桥梁工程施工的应用效果，以期为相关工程人员提供参考。

一、BIM 技术发展现状

近几年，BIM 技术在提高道路桥梁综合管理效率方面效果明显，特别是在新加坡、英国、美国等国家。国内的 BIM 技术发展起步较晚，但得益于国内工程建设体量大、发展速度快，为 BIM 技术在中国的应用及推广提供了良好的条件。早在 2007 年，美国政府就明确规定达到招标级的大型项目必须采用 BIM 技术，最低标准为 BIM 模型展示。新加坡采用清除 BIM 应用障碍的方法推广和应用 BIM 技术，解决了 BIM 在应用过程中材料库和构件库不足的问题，于 2010 年完成了道路桥梁、结构专业的标准 BIM 模板，全面推行全寿命造价 BIM 应用，并开始强制在大型工程中使用。从美国和新加坡等国家对 BIM 技术的应用和推广来看，BIM 技术在一些发达国家已经广泛应用，而且研究比较深入，已经从原来的模型研究发展到 BIM 共享平台、EPC 项目总承包商对项目成本和进度实时跟踪与控制、全寿命周期中各构成要素对进度与收益的影响的深层次研究。目前，国内 BIM 技术的研究还处于发展阶段，在建筑工程设计和施工方面运用相对较少，有待进一步提高。

二、BIM 技术在桥梁工程施工的应用

（一）BIM 技术在桥梁施工前期准备中的应用

在桥梁施工筹备前期，可利用三维模型实现可视化技术碰撞检验。在传统桥梁工程施工图纸中，各专业内容分离，管线间接碰撞很难发现。利用 BIM 技术创建建筑信息化模型，可将碰撞点详图、碰撞构件 ID、碰撞数量等详情内容主动显现出来；还可使用 BIM 技术检测机械与结构间、机械间、操作空间等在施工进程中的碰撞情况，将承载力、结构稳定等性能参数计算出来，做出整体及其局部的细化处理。

桥梁工程施工周期长，其围堰、栈桥、钢筋加工场以及材料堆场等需要在建筑现场临时建设，空间狭小且材料分布密集，一旦遭遇特殊情况就非常拥堵，借助 BIM 技术可创建直观、形象的施工现场三维布置图，既可以节约费用、减少风险，又保证桥梁施工质量。

（二）BIM 技术在桥梁施工过程中的应用

BIM 技术在桥梁施工应用的主要方面是施工技术、施工材料、建造信息资料等。通过建立施工材料质量信息 BIM 平台，将过往纸质替换成电子施工信息，及时实现信息共享，更好地使建设单位或监理人员对材料质量进行审核，增强质量管控。BIM 技术还可采用分类管理方法进行质量信息管理、施工现场远程控制动态管理等。以下为 BIM 技术在桥梁施工过程中的具体应用。

1. 施工进度把控

在桥梁施工进度管理中，传统方法重点应用的是甘特图、单代号网络图、双代号网络图、时标网络图等，它们的展现方式不具体，缺乏针对施工现场进度的优化与控制；而且容易因施工管理者欠缺能力，难以发现工期计划缺陷，导致工期顺延。使用 BIM 技术虚拟施工技术优化实际施工，能够有效将被动进度管理转变为主动控制，可参照总工期、分段工期及其日常工作计划实施整个工期的全面管理。

2. 可视化安全技术交底

对于桥梁工程来说，可利用 BIM 模型向现场施工管理人员、一线作业人员进行安全技术交底，将线条绘制的图形以一种三维的立体实物生动形象地展示在人们的面前，帮助施工人员更好地理解设计思路，防止实际施工与施工图纸不符状况的发生。现场人员可以根据安全技术交底中的 BIM 模型，结合桥梁施工现场情况直观地发现哪里设置的安全防

护不足、哪里需要怎么样的安全防护，及时整改安全隐患。可视化存在项目整个施工过程中，可以用效果图展示，一些危险性较大、施工难度较大的地方通过安全管理的计划安排、沟通交流、探讨决策都能够在可视化的情景下进行，有利于提高施工现场的安全管理水平。

3. 协调施工部位安全防护

BIM 技术的协调性可以解决不同阶段的不同问题，例如，在设计阶段协调不同专业间的设计空间布置问题；在施工阶段协调施工进度问题。在桥梁工程不同部位的施工过程中，通过 BIM 的快速算量导入不同施工部位安全防护、机械设备的需求表，快速、清楚地使施工现场管理者了解自己所负责区域的安全防护、机械设备使用情况，进而核算此部分安全费用投入的情况。通过 BIM 协调安全防护与作业环境之间的空间问题，进一步精确计划，优化安全防护方案效果，避免安全防护占用有限空间而影响施工。管理者可以在任何时候比较 BIM 模型上的安全防护与实际现场情况，直观快速地发现问题，并有效协调，以达到对现场存在的安全问题和施工情况了如指掌的效果。通过合理运用 BIM 技术的协调性，能够帮助管理者大大地降低桥梁施工时发生安全事故的概率。

4. 模拟现场和应急情况

3D 建筑物模型是 BIM 模拟性的一个体现，其模拟性还体现在一些不存在或无法马上开始进行的事物，比如在设计阶段能够模拟紧急疏散、日照等；在施工阶段能够进行模拟实际施工；后期运营阶段能够模拟紧急状态下的解决方法。此外，在桥梁工程中，有限空间的现场布置、应急管理也是 BIM 模拟中一大亮点。通过对车辆出入施工现场的线路进行模拟，能够合理设计交通路线，提高工作效率；模拟现场机械的摆放位置及作业人员的施工环境与空间，可以发现危险区域，提高施工人员的安全意识。在应急管理上，可以模拟洪涝、火灾等突发事件发生时，人员上下爬梯、撤离危险区域疏散时间和现场物资设备撤离现场的时间，从而制定合理的人员、物资设备安全疏散路线，完善应急预案，提高应急演练质量。

传统工程量统计主要依赖手工和各类办公软件辅助计算，施工人员根据设计图纸提取和分析各类构件信息，最终整理出有价值的工程量信息。在计算过程中，易受多种因素影响，计算结果与个人对设计图纸的理解、施工经验、计算能力有关，准确性很难得到保证。

BIM 技术在施工图的基础上，对桩基、承台、桥墩、箱梁等混凝土构件进行精确建模，根据基础、墩身、梁部等构造物在不同施工阶段结合项目进度计划统计出各施工阶段的材料需求量。它直观地提供了桥梁存在的实际信息，使现场管理人员及施工人员对工程的感知由二维图纸的空间想象转化为直接的观感，提升了施工效率和施工质量。

BIM 技术具有可视化强、模拟性等特点，将在桥梁施工中发挥越来越重要的作用。在道路桥梁工程施工中使用 BIM 技术，不但能够确保道路桥梁施工顺利开展，还可以有效避免施工作业风险。在实践中，要推动 BIM 技术的发展，务必从桥梁施工难点出发，更好地应用 BIM 技术。相信随着未来科技的发展，BIM 将会更深入地被应用到桥梁建设行业中，成为桥梁工程施工管控的好帮手。

第五章 桥梁工程项目管理

第一节 桥梁工程项目管理存在的问题

为推进市政桥梁工程项目施工有序、高效和高质量完成，强化桥梁工程项目管理至关重要，具体实践中也要结合桥梁工程实际，对项目管理存在的施工规划不合理、监管体系不完善、成本控制不足等问题加以分析，并采取行之有效应对策略，确保施工质量和提高管理水平。

伴随着城镇现代化水平不断提高，我国也加大了道路、桥梁等基础设施建设和完善力度，涉及的市政桥梁工程项目也日益增多，频频暴露出的质量、安全问题也引发社会各界广泛关注。为保证市政桥梁工程项目施工顺利、安全进行，就需要对整个施工过程实施全面化和动态化管理，但是联系当前桥梁工程项目管理实际，还存在施工前规划不足、安全质量意识薄弱、监管体系不健全等问题，对工程施工质量和使用性能发挥造成极大影响，迫切需要采取有效措施，对市政桥梁工程项目进行科学管理，促进整个施工有条不紊地进行。基于此，本节对市政桥梁工程项目管理存在问题及应对策略进行分析。

一、市政桥梁工程项目施工特点

市政桥梁工程项目施工特点主要表现为：涉及内容比较多，在市政桥梁施工中包含人员、设备、材料、技术等内容，并且现代市政桥梁项目规模都比较大，为了确保工程施工质量，就需要在实施管理过程中对这些内容进行优化配置和科学管控，无形中也加大了工程项目管理难度；施工较为复杂，在市政桥梁工程项目中，除了需要进行地面施工以外，还需要进行高空作业，整个施工操作比较复杂，对施工技术也提出更高要求，一旦出现工艺把控不足、操作不够规范等情况，就会引发质量、安全问题，对桥梁工程施工进度和施工质量也会造成不利影响；易受环境干扰，由于市政桥梁工程施工属于室外作业和高空作业，实际施工中就很容易受到外界环境因素干扰，尤其是一些桥梁项目位于地质条件较为恶劣区域，施工中一旦遇到极端恶劣天气，就会加剧施工难度，并对施工进度、质量造成严重影响。

二、市政桥梁工程项目管理存在问题分析

现阶段，市政桥梁工程项目管理还存在以下问题丞待解决：缺乏施工规划，想要市政桥梁工程施工有条不紊地进行，就要在施工之前深入到现场仔细勘察，并根据所获得的勘察资料对工程施工图纸进行优化设计，在开展项目管理时也能够结合各环节施工实际状况，对涉及的材料、设备、人员等资源进行优化配置，以推动工程施工更加高效率的进行，但是结合实际发现桥梁工程项目管理中缺乏施工规划，不仅导致各环节施工出现混乱情况，还提高了工程管理难度，相应施工进度和质量也无法得到可靠保障；监管体系不健全，一套较为完善的监管体系在桥梁工程项目施工中发挥着重要作用，不仅可以对施工、管理人员开展工作进行规范和约束，还能够引导各项管理工作有序进行，尤其是施工中出现的各项问题可以及时被发现及解决，但是实际情况是桥梁工程项目监管体系还不够健全，以至于实际开展工作施工、管理人员没有准确意识到自身工作内容及职责，对待自身工作也不够认真、积极，以至于留下诸多隐患，严重制约施工质量和管理水平提升；成本控制不足，由于市政桥梁工程项目施工涉及的环节和内容比较多，在对整个工程项目进行全面、系统管理时，如果不对各个环节成本进行有效把控，就很容易出现工程造价提高情况，尤其是材料控制和进度控制方面，材料作为桥梁工程施工重要内容，施工中如果不对材料用量、质量等进行严格管理，就会造成浪费，并影响工程施工质量，弱化施工进度管理，就会延长桥梁工程工期，相应成本也会大幅度增加；安全质量把控不严，在市政桥梁工程项目管理过程中，更加侧重桥梁工程经济效益和社会效益发挥，对施工安全和质量把控不够严格，尤其是在进行桥梁工程高空作业时，对施工人员和施工技术提出较高要求，除了要施工人员具备较高专业能力以外，还要在施工中对各项工艺技术进行准确的把握和应用，同时严格遵照高空作业标准要求，对施工安全引起高度重视，但是实际管理中施工人员的安全、质量意识还比较薄弱，也为各项安全质量事故发生埋下导火索。

三、市政桥梁工程项目管理有效策略探讨

（一）做好施工前组织规划工作

保证施工前组织规划科学合理，是开展桥梁工程项目管理的基础，并推动各项施工、管理工作有序进行，具体包含以下内容：施工现场勘察，施工之前需要组织相关人员深入到现场中进行实地勘察，并结合所掌握勘察信息资料，对施工图纸进行科学设计及优化，尤其是可能会对工程施工造成不良影响的因素，需要在工程平面图中进行细致标注，在反复论证和分析以后，对具体施工方案进行制定，以防止实际施工时出现问题；工程预算编制，结合施工现场调研和施工合同，对工程预算进行编制，并根据预算对工程项目各环节施工成本和施工进度管理进行科学规划，以达到降低成本、提高效率和保证质量目的；施工方案确定，结合桥梁工程施工条件、技术标准、工期要求等，对具体施工方案加以确定，

并组织施工及管理人员对工程施工方案进行熟悉和了解，尤其是针对重难点环节，需要引导施工人员对工作流程、工艺技术等进行严格把握，管理人员开展项目管理工作也能认真严格对待，确保施工方案在桥梁工程项目中得到贯彻和落实。

（二）建立健全工程项目监管体系

建立和健全现行桥梁工程项目监管体系，可以使工程项目管理更加科学和规范，施工及管理人员在开展各项工作时也能严格遵照规章制度要求，针对工程施工出现的各项问题也能通过较为完善的监管体系进行追责。具体措施有：完善规章制度，根据市政桥梁工程项目施工要求和目标，对《桥梁工程勘察质量管理办法》《桥梁工程质量检验工作规定》《关于加强桥梁工程质量管理工作的意见》等规章制度进行建立和完善，以为实际开展工程项目管理工作提供有力依据；建立监督管理机构，在对整个桥梁工程项目涉及施工环节和内容进行全面、系统了解以后，就可以设立专门监督管理机构，对整个工程施工全过程进行全权管理，并通过层层落实工程项目管理目标，帮助各环节管理人员对自身工作内容及职责进行正确认识，同时将奖惩激励机制引入到其中，可以进一步地提高管理人员工作积极性，针对开展管理工作出现的质量、安全问题，也能将责任落实到具体人头上，使桥梁工程项目管理更加科学化和规范化。

（三）强化桥梁工程项目施工过程管理

对桥梁工程项目施工过程进行管理涉及的内容有：材料、设备、人员等资源优化配置，在准确把握桥梁工程各环节施工基础上，对实际施工所需要运用的材料、设备等资源进行优化配置，以提高施工效率和保证施工进度，并且还能够减少施工浪费情况发生；工艺技术严格把控，开展桥梁工程施工，针对不同环节所采取工艺技术也存在较大差异，为了减少施工质量问题发生，就要施工人员对桥梁工程各环节施工加以熟悉，并严格按照工艺技术流程进行施工操作，为此要积极组织施工人员进行施工前教育和培训工作，使其对桥梁工程施工工艺技术提前熟悉，并能够在实际施工中进行专业化操作；严格把控施工进度，在进行桥梁工程项目管理过程中，对施工进度进行严格把控，就需要对各项施工影响因素进行总结和分析，并采取有效措施协调好各环节及分项工程之间关系，以形成科学有序施工程序，相应工程施工效率也会大大提高，也保证了整个桥梁工程项目实施进度。

（四）加强桥梁工程项目质量检验

开展桥梁工程项目管理的本质在于提高桥梁工程整体质量和保障工程使用性能的有效发挥，为此在进行桥梁工程管理过程中，还需要对质量检验引起高度重视，相关管理人员在实际开展工作时，也要对桥梁各环节施工质量要求进行了解，并严格遵照工程项目管理规范标准，对具体施工质量进行检验和验收，针对管理中发现的施工质量不过关情况，也要及时地指出并监督施工人员采取相对应措施妥善解决，并且只有上一环节施工质量检验合格以后，才能够开展下一环节施工，具体实践中还可以运用现代化技术和设备，对整个施工现场进行管理和监控，在现代技术设备支持下施工中存在的质量问题也能快速、精准发现，使桥梁工程施工质量得到有效保障。

本节是基于对市政桥梁工程项目管理存在问题及应对策略的分析，随着市政桥梁工程项目不断增多，对工程施工质量也提出更高要求，而对桥梁工程项目实施科学有效管理，可以促进工程施工有序、高效进行，在实践中也要联系当前工程管理存在问题，对做好施工前组织规划工作、建立健全工程项目监管体系、强化桥梁工程项目施工过程管理等措施加以运用，以减少施工质量、安全问题发生，促进桥梁工程经济、社会效益的有效发挥。

第二节　桥梁工程项目管理质量控制

每个城市道路桥梁工程都承担着方便人们出行的功能，对地区的经济发展以及人们生活都发挥着非常重要的作用，起着利国利民的作用。在我国城市经济快速发展，交通拥挤程度不断提高的情况下，市政桥梁发挥的作用越来越明显，因此对其工程质量提出了更高的要求。目前我国市政桥梁工程问题也在不断增大，如何降低发生事故的概率，延长市政道路桥梁的使用时间，是目前市政工程质量管理的重要内容。本节将对市政桥梁工程项目管理质量控制进行探讨，以供参考。

一、现阶段条件下市政桥梁工程项目质量控制存在的问题

（一）现阶段条件下在市政桥梁建设过程中存在的技术问题

传统模式下的市政桥梁建设任务依靠原有的技术条件水平，很好地完成了原有的基本工程项目建设任务，但随着社会经济的高速发展和人们需求层次的不断提高，原有的技术水准已经很难再满足人们的日常生产生活需要，所以要想更好地满足人们对于市政桥梁建设的需求就要求相关市政桥梁项目的一线施工单位不断地改革创新自身的桥梁建设工程技术，将当今时代条件下的众多先进技术与原有技术融合已达到更好的桥梁建设效果。而现阶段条件下的市政桥梁工程项目建设过程中有众多单位仍然还在使用原有的桥梁建设技术，但原有的施工技术很难满足现阶段条件下的桥梁建设项目工程，导致在实际桥梁施工的过程中遇到的众多问题不能得以及时解决。其次，由于相关桥梁单位的一线施工人员的技术落后，不能很好地把握住在桥梁施工过程中出现的问题，找不出问题的所在自然不能通过专业化的技术手段对相关问题进行快速解决，这也在一定的程度上影响了市政桥梁工程项目的施工质量和施工进程，给市政桥梁工程项目的有效推进带来了一定的困难。

（二）材料选择的问题

对市政道路桥梁工程质量产生影响的重要因素还有材料选择的因素，市政道路桥梁工程对材料的选择较为苛刻，为了保证市政道路桥梁工程能够在使用年限内减少出现问题的概率，我们需要选择符合建筑标准的材料，保证材料使用的强度与耐久性。为此建筑单位

需要从材料的选择上入手，严把材料入口关，对于不适合的材料要及时进行清理。在对我国市政道路桥梁工程所使用的材料进行研究后发现，虽然绝大多数市政桥梁工程在建设过程中都能使用合格的材料，但是仍然存在着以次充好的现象，对市政道路桥梁工程的质量埋下了巨大的隐患，很多豆腐渣工程就是因为使用了不合格材料而造成的。

（三）管理方式问题

市政工程桥梁施工属于一项系统性工程，涉及内容广泛，其存在众多不稳定性因素。但是由于管理规范，导致各种问题出现，甚至很多建筑单位出于私心，在管理中存在很多疏漏，在建筑项目施工过程中转包的问题频繁出现，为了获得更高的利润，却严重降低了工程质量，不利于实现长远发展。

二、市政桥梁工程项目质量提升的策略

（一）做好市政桥梁的施工技术管理工作

所谓管理的目标就是要让各类桥梁的施工工作有计划、有层次的进行下去，从而依靠高效合理的计划与安排在有效提升市政桥梁的施工质量的同时提升市政桥梁相关施工效率。因此，要想有效地提升市政桥梁工程项目的施工质量，首先就要做好市政桥梁的施工技术管理工作，运用高效果的技术手段有效地提升桥梁的施工质量。这不仅要求相关市政桥梁工程项目的一线施工单位不断地改革创新自身的桥梁建设技术，改变原有的桥梁施工观念，同时用更加科学合理化的施工理念贯穿整个市政桥梁建设的全过程，并用科学化的理论指导市政桥梁工程的整个实践过程。

（二）保证施工材料质量

市政工程桥梁项目施工设备的管理与维护工作质量需要进行严格的控制。质量控制是保证项目工程顺利运作的关键，在进行该工作时要提升重视程度，将相关工作流程落实。随着经济的发展与人们生活水平提高，交通工具越来越多，造成的出行压力大，在市政工程建设桥梁施工中，对工作人员提出了新要求，并且需要保证材料的质量，进而为道路施工建设质量提供一定的保障。相关人员在施工之前在原材料方面要引起足够的重视。例如，应该保证所有的建设材料是经过标准要求审查才能投入使用，在一定的施工成本范围内，通过比较各种原材料的特点，选择合适的投入工程。桥梁的施工通常对于石子、水泥等材料的使用较多，这些材料的选择必须以规定的标准衡量。在石料的选择中，相关工作人员不仅需要考虑成本投入，还要综合分析该石子的坚硬度、大小等指标，以减少和避免不合适的材料引发的问题，并为之后施工工作提供良好的基础。

（三）加强道路桥梁工程中施工人员的管理

从前面的分析中能够看出，施工人员是影响市政道路桥梁质量的关键性因素之一，因此，要提高市政道路桥梁建设的质量，需要加强对施工人员的管理，提高施工人员的综合

素质，提升他们的施工技术。建筑单位要定期对基层施工人员以及技术人员进行相应的技能培训。在实际的施工过程中，施工人员需要进行详细的分工，明确施工过程中的责任，加强对施工过程的管理。同时后勤人员需要加强对施工的后勤保障。人员管理是建筑工程单位非常重要的环节与内容，我们需要根据外部条件以及内部环境的变化，及时地对施工人员进行相应的管理。

综上所述，市政工程桥梁工程实施过程中的质量控制是十分重要的。相关工作人员在实际操作时，要注意结合现场管理的实际情况，在明确现阶段施工管理中出现问题基础上，运用科学有效的改善措施将问题处理，以保证市政工程桥梁施工的质量以及安全性。

第三节　桥梁隧道工程项目建设管理

进入 21 世纪以来，我国经济一直在如火如荼地向前发展，随着城市化进程不断加快，对车辆的需求也在不断增加，车辆行驶距离也有了一定程度的提高。在我国交通运输行业中公路桥梁隧道占据着非常大的比重，其施工质量对我国经济水平的提升具有非常重要的意义，直接影响着人们生活水平与质量的提升。在实际的工程项目建设中，既要确保工程质量满足各个方面的需求，又要采取一些可行的措施加强管理，使公路桥梁的建设水平上升到一个新的台阶。鉴于此，本节对公路桥梁隧道工程项目建设管理进行研究。

现阶段，为了应对城市与城市之间的交通问题，建设公路桥梁隧道工程非常有必要。在公路桥梁建设中隧道施工是重点环节，但是由于采用的一些施工方法不够成熟，再加上我国公路桥梁发展比较晚，使得一些细节管理相对落后，致使一些问题的出现。因此，需要不断努力和创新，采取一些与之相对应的措施加强管理，以此推动我国公路桥梁的有序发展。

一、公路桥梁隧道施工管理的重要性

在开展公路桥梁隧道施工中，高质量的工程不仅能为人们日常生活的出行提供便利，同时还能促进我国建筑领域取得一定的发展与进步，进而提升我国的经济发展水平和综合国力。在进行施工管理工作时，建立健全的管理体系是非常重要的，有利于增强对公路桥梁隧道工程的监督和管理，为公路和桥梁等工程的顺利竣工提供可靠的保障，也有利于减少施工成本浪费，确保工程建设质量。然而，在以往的建设中经常会存在一些管理不到位的情况，例如，建设连续性相对较差，导致施工所需要的时间变长；建设方案的陈旧也会容易造成施工过程中的施工脱节，在创新性上面有所欠缺；因施工的计划不合理而受到外界的许多干涉，影响施工的质量。基于此，加强公路桥梁隧道施工建设管理迫在眉睫，需要相关人员加强对其的研究。

二、公路桥梁隧道工程项目建设中存在的问题

（一）地质问题

在我国领域内，因疆土非常广阔，各个地区的地质结构就存在差异，地质有些松软、有些坚硬、有些塑性良好，而有些则比较散乱，所以不同地质结构采取的施工方法不同。但是这不是地质问题存在的主要原因，我国公路桥梁隧道工程项目建设中地质问题的存在原因主要体现在：一是因为许多地区的隧道建设相对较晚，公路桥梁隧道施工相对密闭，这样一些地质松软和坚硬的地区就非常容易导致隧道坍塌，也极易加大隧道施工难度；二是地质结构具有不可预计的特征，即便在同一区域其地质结构也不能够盖棺定论，原因是因为地质断层或地质面貌不知何处有变化，化学物质、水以及油渍也可能会改变当地的地质问题。

（二）质量问题

1. 公路桥梁隧道出现裂缝

混凝土是公路和桥梁的施工中所使用的主要材料，但是混凝土的使用常常会出现一些问题，例如由于技术的原因出现裂缝等。同时混凝土也会由于放置的时间过长而受潮，有时是混凝土本身出现质量问题，还有一个问题是地基沉降不均匀而导致地基出现变形，使得公路桥梁隧道产生裂缝。这一系列的根本原因都是在进行地质勘查的时候不够精确和仔细，或者工作人员提供的相关资料不够准确导致的。混凝土的使用具有一定的标准，如果在对公路和桥梁进行施工时没有按照这些标准来使用也会导致裂缝的出现。公路桥梁隧道出现裂缝除了上述的原因外还可能与外力影响有关。公路桥梁隧道的裂缝问题对于人们的日常生活和各种生产活动具有直接的影响，不论是何种质量问题，都应引起重视。

2. 施工过程中钢筋出现非常严重的腐蚀

钢筋和混凝土是修建公路和桥梁等设施时常常会使用到的基础材料，桥梁的质量问题受到许多因素的影响，施工材料的使用对桥梁的骨架具有直接影响。桥梁的整体性能会直接影响桥梁的使用年限，因此，要对桥梁骨架中被腐蚀的钢筋采取相应的处理方式以保障桥梁建设的质量。施工不仅要求要注意建筑物的质量还要注重对于建筑材料的管理，例如，对于建筑工地的钢筋要进行防潮的保护工作，在下雨天现场的管理人员要对其进行遮挡。

3. 铺装层脱落

公路桥梁隧道的铺装层的铺设大概需要一年的时间，铺装层的脱落在如今的公路桥梁隧道的建设问题中是比较常见的，大部分情况下都是人为因素导致的，这些人为因素主要包括工作上的疏忽、施工流程上不够仔细、施工人员的工作上对自身的要求不高、施工材料的质量不过关等，都会使得铺装层的质量达不到标准，导致脱落现象的出现。

（三）人员问题

对于公路桥梁隧道工程，在实际的施工中其是密闭式施工，与以往的施工工艺相比，存在很大差异，这就需要安排更多的专业人员和持有特殊工作证明的人员，例如，特种设备工作人员、封闭空间作业人员。但是目前许多施工现场都不可以有效地满足施工人员的专业要求，主要原因体现在：我国专业的工作人员比较缺少、施工单位为了最大化的节约使用成本、监管部门对监督管理力度不够等。受到这些因素的制约，就会促使人员组成方面存在极大的风险，即使特种人员满足了施工实际需求，施工单位对工作人员的安全培训若存在忽视情况，也可能导致实际施工中出现施工质量问题。

三、加强公路桥梁隧道工程项目建设管理的方法

（一）做好工程进度控制

（1）实施周作业计划。对周作业计划进行执行的时候，应该以周围单位，详细地分解施工对象的资源和进度，并在实际的施工工作开展中及时有效地总结以往周计划和资源使用情况，分析和严格控制目前周进度计划和资源使用情况，做好相应的准备工作，以确保后期周季度进化和资源使用情况，使工程进度控制在合理范围内。

（2）制定网络计划对总体施工工期进行严格控制。重点施工工序要确保准时准点地完成工作，并将其作为网络计划的主干，促使计划得以均匀平衡、稳定的衔接。执行月、周以及日三级计划管理进行管理，使得工程的进度计划能够在规定的工期内完工。每个星期要召开一次生产例会，以确保计划的有效落实。

（二）构建完善的安全管理体系

（1）有效调整施工人员的作息。对于工作人员而言，过度施工既会影响健康，也是施工事故发生的重要隐患。为了与施工进度相互配合，针对施工人员的工作时间长、劳动强度大等情况，需要科学合理地安排施工人员的工作和休息时间，这是保证施工人员身体健康的重要基础。同时，项目组需要与工程的施工进度相结合实施轮班制，以此有效地降低工作人员的身体心理疲劳度。除此之外，还应该充分发挥公休时间的作用，开展多样化的活动以疏解员工身心压力。

（2）开展培训工作，规划规范操作流程。现阶段，许多施工人员都是农民工，来自偏远的农村，文化水平和综合素质较低，通过丰富多彩的培训活动既可以对施工人员的水平和素质进行提升，也可以规范他们的工作行为。同时应该建立长效机制，目的是确保施工安全。对不相同的工作岗位进行事前培训、事中监督以及事后总结，合理化地制定出具体的调整计划。此外，还应该积极主动地投入到安全生产中，将安全作为前提条件保质保量地完工。

（三）加强质量管理

（1）控制混凝土的裂缝。由于混凝土具备许多优点，例如，具有良好的可塑性、抗压强度较高等，因此它成为许多建筑工程的首选材料。在开展公路桥梁隧道施工的过程中，为了确保工程质量需要采取一些措施预防裂缝。此外，孔口高程和钻孔深度的误差都需要加强控制，使得桥梁各个部分在建设时准确性有所提升，在实际的施工中还需要严控内力，促使整个公路桥梁的质量得以保证。

（2）降低钢筋的腐蚀率。公路建设中最重要的工作就是钢筋的防腐工作。公路桥梁隧道的安全和耐用需要有高质量的钢筋作为基础，因此，公路桥梁隧道的各个施工环节都要严格按照规定来执行，这是现场的施工人员在工作时必须做到的。工作人员要对钢筋生锈的问题及时进行处理，将钢筋表面上的锈迹清除掉，然后给钢筋的表面涂上防腐的材料，之后再对其进行施工。这样做是为了隔绝钢筋与空气，以免钢筋很长时间暴露在外部发生氧化反应，导致锈蚀问题的发生。所以要做好防腐工作，其可以提高公路桥梁隧道质量。

（3）加强对铺装层的建设和管理工作。在进行桥梁的建设时，要管理好铺装层的施工环节和有关的程序。有时铺装层会出现漏水等情况，工作人员要及时采取措施进行补救。有的混凝土路段会因为下雨的原因长期遭受雨水的浸泡，使得铺装层遭受破坏，工作人员要在相关的地方铺设沥青，防止水分渗入造成更加严重的破坏。为了更好地管理建筑材料还要设立相应的管理制度，并加强管理人员的专业素养，科学有效地对建筑材料进行管理，提升建筑材料的使用效率。

（四）做好隧道工程支护和防水工作

实施隧道施工时，要想进一步地保证隧道施工质量，一定要加强隧道支护和防水工作，因为隧道支护工作的开展可以更好地防止隧道发生变形。从现状来看，锚喷支护是一种经常使用的方式。其对于施工人员要求非常高，同时对于材料的质量也是非常高的，需要引起高度重视。在进行实际操作的时候，特别是二衬防水工程需要重点做好控制，确保整体的质量，以更好地防止渗漏水的情况。隧道的防水系统主要是能够有效地预防隧道漏水情况，因此，在进行防排水系统施工的时候，必须严格地进行过程的控制，施工完成后，还需要不定期进行抽检，如果发现问题需要采取有效的措施进行优化，从而能够更好地确保整体的建设安全。

总而言之，在实际施工中需要严格控制各个细节，熟练掌握施工流程和工艺，从而提高工程项目质量，促进公路桥梁的安全高效发展。

第四节　道路桥梁工程建设项目管理

近年来，我国多地区道路桥梁项目建设范围扩大，对道路桥梁项目管理提出了更多更高的要求。本节对道路桥梁建设项目管理方法与对策进行探析，旨在提升项目管理力度，强化项目建设质量。本节结合自身施工建设经验，基于参考文献法、案例分析法判定道路桥梁项目建设管理重要性。从建设实践中得出，在新时期道路桥梁建设中，要注重落实项目经理责任制，强化项目管理团队建设。做好材料、劳动力管理，对机械设备合理应用，拟定完善的人员奖惩制度等，做好施工管理经验总结，完善各项项目管理制度，选取针对性管理方法，提高项目施工建设成效。

从目前厦门地区道路桥梁工程项目建设现状中能得出，项目施工建设流程相对复杂，施工工期较长。因此，在道路桥梁工程项目施工建设中，全面做好项目建设管理具有重要作用。从目前厦门地区部分项目建设管理现状中能得出，施工中相关管理体系难以有效落实，对项目整体管理成效具有较大的负面影响。所以，本节结合本人工作实践，在明晰项目建设管理重要性基础上，对桥梁工程建设管理对策进行探究。在管理中要注重合理分工、各司其职，定期培训提高管理人员素质。建立高效化责任制度，设立工程质检制度，旨在提高项目建设管理成效，保障项目长远可持续发展。

一、道路桥梁工程项目建设管理重要性概述

在我国多个地区交通项目建设发展中，道路桥梁项目建设数量较多，属于社会现代化建设发展的重要代表工程。在道路桥梁项目施工建设中，项目管理实施的主要目标是提高项目施工建设质量。在现阶段道路桥梁项目建设中，其中融入了项目管理多项实践经验，也逐步产生了科学化的管理理论，能有效地推动项目管理系统化、科学化发展。所以，针对工程企业发展来看，项目管理是保障项目依照施工计划进行的有效基础，在新时期道路桥梁项目施工建设中，相关施工企业要认识到项目管理对推动项目长远发展的重要作用。

二、项目建设基本概况

在道路桥梁工程项目施工建设中，全面强化项目建设管理要注重基于项目施工方法以及施工技术措施入手，通过高效化的项目管理制度为项目管理成效提升奠定良好基础。基于高效化的管理措施提高项目综合管理成效，在提高项目建设质量基础上促使项目建设效益能全面提升。本节基于笔者自身工作实践，做了以下分析探究。

三、道路桥梁工程建设项目管理的方法应用分析

（一）落实项目经理责任制

在道路桥梁项目建设管理中，采取的主要管理形式是责任制，此类责任制主要是项目承包商实施实践。承包商基于项目施工建设实际现状选取项目经理，选出的项目经理自身专业技术以及掌握的知识较为丰富。通过严格规范考试，成功注册以后获取相应的资格认定，这样才能对经理人员进行聘用。相关承包商在道路桥梁工程建设中要对项目经理规范化选取。选出最合格的项目经理，能保障后续道桥项目建设管理工作成效地全面提升。项目经理在上岗任职前要对项目建设管理制度中各个细节部分进行深入探究，能获取项目建设管理中的重点环节，对自身责任建立明确认识。承包商要拟定相对完善的考核管理规定，定期对项目建设进行考核检验，确保项目经理能处于最佳工作状态，还要对项目管理活动进行规范化监督，这样能对多项问题集中控制。

（二）强化工程项目团队建设

在桥梁道路工程项目施工建设中，占据主导地位的是项目经理，但是要想全面提升项目建设管理成效，要集中发挥项目建设团队作用。道路桥梁建设工程设有较高标准的质量要求，在项目建设团队选取中要明确相应要求，全面提升项目建设团队综合素质，这样能保障项目建设管理活动成效全面提升，强化项目建设质量。项目建设管理中项目经理占据重要主导地位，工程项目管理团队起到重要辅助作用，两者之间处于相互依存、相互促进的发展关系。在工程项目团队人员选取中，要注重突出项目经理主要意见。为了保障项目经理各项职能能全面发挥，项目经理要注重做好人员选取，这样能全面强化项目建设团队综合调度能力，还能强化项目建设团队沟通协调，促使项目建设活动开展中更为默契，有助于强化项目建设管理成效，促使项目管理活动稳定开展。

（三）做好材料、劳动力管理，对机械设备合理应用

道路桥梁工程项目建设关乎广大群众生命财产安全，在项目施工阶段要注重划分质量管理要求。针对项目施工建设中应用的各类机械设备、物资材料以及人员等，在项目施工中，相关施工人员要注重选取专业能力与综合素质较高的人员。在施工材料选用中要提高重视度，材料购置人员要具备良好的工作经验，在材料采购中对各个方面影响要素深入分析。当材料采购量较大，要注重选取材料招标形式，提高材料整体质量。当材料采购量偏小，要注重货比三家，选取综合性价能比较高的商家。对项目施工中材料加工现场展开实地考察，选取更多生产规模相对较大、质量较好、具备生产合格证的厂家。在机械设备选取中，要注重对项目实际建设现状进行分析。选取更多适用度较高的设备，对设备及时进行维修，发现问题之后要及时进行控制，防止施工中出现诸多施工安全，对项目后续建设安全产生负面影响。

（四）拟定人员奖惩制度

在较多工程项目施工建设中，道路桥梁工程代表性突出。目前要想保障项目工程多项管理制度能全面落实，推动项目管理活动稳定开展，相关管理人员要拟定完善的人员奖惩机制，全面提升施工人员施工积极性，推动施工活动有序进行。在道路桥梁项目施工建设中专业性突出，不同施工人员对应的文化水平差异性突出，管理部门要做好人员科学化管理、配置。对项目施工建设管理现状进行分析，基于施工人员生产效能进行配置。遵循以人为本基本配置原则，保障项目施工人员主观能动性可以得到有效发挥。

四、道路桥梁工程建设项目管理的对策实践探析

（一）合理分工，各司其职

道路桥梁工程项目建设属于繁杂工作，各环节施工精细度以及繁杂性要求较高。当前要全面建设项目，要注重明确分工，确保各个环节有对应管理人员进行负责。还要对人才合理调配，让基于不同专业员工自身素养做好各项工作安排。还要注重各司其职，能规范化实施岗位责任制度，保障各个岗位员工能对自身岗位行为有效负责。保障工程责任有效落实，这样能促使项目建设工程能有条理性的开展。

（二）定期培训，储备人才

在社会发展新时期，企业要想在激烈市场竞争中基于不败之地，要注重做好各项管理。在项目施工建设中要注重引入更多技术型人才，在目前多项技术更新发展新环境中，不仅要注重对原有的施工技术工艺进行创新，还要引进更多新型人才，优化员工队伍建设。公司要定期对员工进行培育，扩大员工发展竞争力。在员工培训中，保障员工对新技术、新工艺、新材料深入了解，鼓励员工进行技术创新。

（三）严守工序，加强监管

在道路桥梁建设工程中，要对各环节施工工序严格规范把控，提高各环节施工质量。对各个环节施工流程规范化控制，为后续施工活动开展奠定基础。在道路桥梁项目施工建设中要注重做好各项监管，提高项目施工质量。对各个环节工序规范化控制，做好质检活动，防止资源浪费以及工时延后，这样能保障项目施工稳定进行。

（四）建立高效化责任制度，做好技术储备，建立工程质检制度

在项目施工建设中要注重建立完善的责任制，是全面强化建设管理成效的重要措施。在当前道路桥梁项目施工建设中，要注重做好项目质量问题、经济问题管控，还要注重整合项目施工管理重点。在道路桥梁项目施工建设中，要保障责任制度能有效落实，保障各部门分工更为明确。其次，要做好技术储备，即是强化技术管理，做好各环节施工技术交底。培育更多综合素质较高的技术管理人才，能提高项目施工建设成效。还要注重针对性拟定相应的培训技术，能强化施工技术工艺、施工材料应用了解，有助于提高项目施工质

量。最后，在施工中不仅要强化施工工序管控，还要注重拟订完善的质量检查制度，对项目施工各环节施工质量集中检验，提高施工整体质量。

综合上述，在交通基础项目施工建设中道路桥梁是重要项目，当前要注重做好项目规范化管理。做好施工经验总结与探究，完善各项项目管理制度，选取针对性管理方法，提高项目施工建设成效。

第五节　公路桥梁工程项目质量管理

公路桥梁工程项目素来有强度大、难度高、技术广、工艺强、投资大等特点，整个项目的实施需要接受科学管理，特别要注重对项目建设质量的管理与控制。本节对现阶段的公路桥梁工程项目存在的不足进行了全面分析，并提出了项目质量管理及控制措施以供参考。

桥梁工程是公路整体建设工程中的重要项目，项目建设质量关乎整个工程的安全性与稳定性。随着公路桥梁工程项目的机械化程度加深，不同施工单位在设备、人员等硬件条件上的差异在逐步缩小，项目管理则成为衡量施工单位施工水平的重要考核指标。现阶段，人们越来越关注公路桥梁工程项目的施工质量，加强质量管理与控制研究十分必要。

一、现阶段公路桥梁工程项目存在的不足

（1）从业人员素质能力仍显不足。现阶段的不同路桥工程项目，有很多施工队伍无法完全配置较高素质与能力的施工人员，如不会查看设计图纸，不会操作施工机械设备，常在施工中凭借个人经验来实施技术工艺，容易忽视设计图纸以及现场监理的特别要求。部分技术人员不能忍受工程项目所在地的野外恶劣环境，常会排斥到施工现场进行技术指导，让施工人员失去很多交流提升的机会，容易在实际作业中欠缺科学性。一些管理人员也常因缺乏现场作业经验，而存在不当指挥的情况，无法实现高质量的项目管理。

（2）现场施工的材料工艺常有隐患。公路桥梁施工材料多是钢筋、混凝土等。一些项目中，建设施工单位的材料采购部门或人员可能与供应商之间达成"暗协议"，让品质不佳的材料迅速进场，不仅消耗了大量资金，也容易造就更多的"豆腐渣"工程，特别是浇筑体中所用钢筋规格降低，增加了整个建筑结构的不稳定性。在现场施工中，施工人员对施工工艺的掌握也常出现问题，不能严格执行标准规范，要么桥梁浇筑时未等前模块完全凝固，要么就是养护工作含糊不清等，加剧施工质量问题的产生。

（3）工程项目的竣工验收存在问题。在一些公路桥梁工程项目竣工验收阶段，常有验收单位或部门没严格遵循国家标准实施验收，没有对相关资料进行核实，也没有对工程质量进行必要试验验证，出现点到即止的形式主义现象，而施工单位与建设单位有时会为尽

早交付而讨好验收单位，双方对标准制度的执行不严格，甚至一些验收过程汇总的问题也没有及时整改和复检，因此，项目的竣工验收留下了巨大的质量安全问题。

二、公路桥梁工程项目质量管理及控制措施

（一）提升技术人员素质，优化施工队伍

公路桥梁工程项目往往是大型复杂工程，施工单位除要周期性地为施工人员提供必要的培训教育外，应增加一线技术人员的比例，提升整个施工队伍水平。随着技术人员的参与，不同工段的施工单位间能建立更有效的沟通渠道，有序协调作业的机制更加灵活。施工单位应不断引入技术人员，并提升技术人员的工作积极性。技术人员应持续提升个人能力，掌握公路桥梁不同类型的结构特征与功能特性，注重研究参与项目管理的模式与方法，加强对相关标准、规范、方案的研究，改进施工工艺，优化施工流程，以确保整体施工质量。

（二）增强道路路基填筑，保障施工质量

公路桥梁工程项目多选在复杂地形环境中，这是项目实施需要克服的难点之一。对桥梁施工而言，其桥墩结构的支撑高承载性能适应不同的级，但延伸段的公路路基却需加强填筑，确保道路面与桥梁面的平整。一般路基需填筑高度若低于 0.8 米，则需翻松路面 0.3 米以上厚度的表层土，及时袪除异物并碾压后再行填筑；路基需填筑高度在 0.8 米以上，则先行平整路面再去碾压并填筑。项目管理中要注意，道路路基填筑可分段作业以增快速度，惯用的分段作业会跟据工序差异而出现平整、振压、检测等区域分类，各区域匹配对应施工步骤与次序。

（三）管控项目施工材料，督导机械环节

在公路桥梁项目施工现场，监管人员要有意识地审查所应用的主要施工材料的配套资料，所有出现过的材料质量问题、采购数量问题、合同不规范问题等，都要及时地向施工单位和建设单位报告，对责任方给予惩处，落实到位。由于公路桥梁工程大量材料应用要加强技术和工艺的规范，需要专业化的机械设施设备完成作业，对于机械设施设备的采购及时检查相关合同手续的完整性、合法性，不允许未经质量合格检测的设施设备进场，对机械操作员的特种作业资格证、上岗证持有情况也要掌握精确，未取证人员不得上岗作业。

（四）关注路桥连接段落，加强质量控制

在路桥系统中，公路与桥梁间的过渡连接段落是质量问题多发段，此位置易集聚大量形变压力，应在该处科学安装钢筋混凝土搭板，使公路与桥梁之间的刚度差异合理降低从而有利于过渡衔接，以防桥头跳车事故；同时，路桥连接段落要预留橡胶伸缩缝，并对该位置及时清洁。同时，伸缩缝必须注意设置排水路径，科学开设排水孔，实现横、纵多向排水，预防雨水渗入结构内部加速主体老化。

（五）把关竣工验收环节，执行科学标准

公路桥梁工程项目的竣工验收不能形式主义，要真正实现质量把关的功用。因此，参与竣工验收的单位或部门不得纵容个别验收人员凭关系办事的现象，严格要求验收人员要对验收项目高度责任，要秉持公平公正的科学态度，从核查竣工验收材料开始，不断梳理工程中存在的质量问题，验收人员要在所负责的环节签订责任书，若后期该环节出现问题则可追责严惩。只有坚持增强竣工验收人员的随意监管成本，才能进一步地调整竣工验收环节，实现按标办事、按规操作。

公路桥梁工程项目的施工质量管控必须引起各方足够的重视，针对容易出现的问题，要加强项目质量管理与控制，提升技术人员素质，注重在施工中增强道路路基填筑，管控项目施工材料，关注路桥连接段落的质量控制，还要在竣工验收中做好把关，才能有效地提升路桥工程项目建设质量。

第六节　桥梁工程项目管理与实现创利策略

桥梁工程项目管理与对其实现创利的策略措施是促进建筑项目工程发展的重要基础。本节将针对桥梁工程项目管理的主要特点，深入探讨建筑企业如何加强桥梁工程建筑施工的施工质量和施工效率，促进其施工方案的最优化和科学化，加强施工组织设计的力度，从而在成本控制和成本管理上达到预期的控制目标，最终促进企业经济效益的提升。

桥梁工程项目是道路建设工程的重要组成部分，其工程建设质量的好坏直接影响着道桥整体工程建设的建造质量。桥梁施工的特点主要包括：需要投入的建筑施工工具和施工设备较多，施工程序繁杂和工序繁多，建筑施工的成本费用较高且成本控制的难度较大；建筑施工行业的竞争较大，导致行业内企业之间出现相互压价竞争的现象；桥梁工程项目的业主对于桥梁建筑的要求越来越高，在建筑工期和工程整体造价方面也提出了新的要求。本节将探讨施工方案的优化内容，提出相关的施工工程成本预测和成本控制策略，对企业的索赔工作提出相关指导，实现企业的创利，提高工程管理的效率。

一、促进施工方案的完善化和提高施工组织设计的质量

施工方案的完善化是促进施工企业经济效益和提高其成本控制效率的重要推动力。施工方案以文字的形式通过对施工过程的具体操作过程进行相应的规划和整理，从而对企业的施工经营活动进行专业化的指导。与此同时，施工设计方案也为编制施工图的预算方案提供重要的依据。在此基础上，桥梁工程建筑施工企业的相关领导可以在项目工程施工之前对相应的工程技术要领、材料设备的使用、相关经济计划的制定和执行、工程的建设和造价高低等主要施工技术要素进行预先的探索，指导现场施工人员认真阅读施工图纸和施

工技术使用指南，深入实际的施工现场进行道桥施工的实际勘察。施工人员可以在掌握相关施工材料和施工技术要领之后，详细调查和搜集道桥建设所需要的当地水文地质条件的相关数据、当地的人文环境和生活习惯和以往所积累下来的道桥建筑施工的相关资料，在研究各项相应的施工技术和组织措施的基础上，确立整体建筑的设计方案和建筑风险意识，从而以最快的速度和最好的质量促成道桥施工管理工程项目的最优方案。

二、加强施工工程项目的成本预测和成本控制

成本预测和成本控制是促进桥梁工程项目管理和实现工程项目创利的重要手段和途径。成本预测在实际的施工过程中主要起对桥梁施工工程的指导作用。在具体的预测工作当中，成本预测所包含的主要工序有分析相关项目施工的进度及其在各种经济技术要素当中的水文条件和当地的地质环境、发展环境和发展预期等主要因素。成本预测所涉及的具体操作内容是在整体建设发展战略的基础上，对相应的动态和静态的影响因素进行归纳总结，对相关的施工过程中可能遇到的施工风险，如建筑材料物资价格的升降、当地施工地质条件和天气情况的变化等实行一个相关的综合评价。在此基础上，利用相关的建筑数据推算出建设成本的价格水平的变化及其未来的趋势，进而对施工项目的总体建筑成本有一个科学合理的预算。最后，在实际所制定的成本规划和成本管理体系中计算出企业所得到的经济效益和社会效益，确立企业最终成本控制的总体目标。

在具体的成本控制的施行过程中，需要建立一个具有全面性和可操作性的控制过程体系。首先，需要将施工管理项目的全体成员纳入成本控制和管理体系当中。施工管理项目所涉及的主要领域应该包含施工项目所形成或者所隶属的各个施工管理部门和施工操作人员，最终建立一种全员参与的成本控制管理体系。其次，需要建立一种全过程的成本控制体系。项目管理的全过程控制是桥梁工程项目管理和实现创利的必然结果。项目成本的发生和相应的施工费用的产生所涉及的施工内容都包含着相应的施工周期，因此，项目管理和实现成本管理创利需要一种持续不断的控制过程，以确保控制措施的一致性和连续性。在工程项目的投标阶段，各个管理部门都需要做好相应的项目成本预测，在科学合理测算的基础上，签订施工合同。在企业中标及其施工阶段，需要做好订立成本计划和总体成本控制目标的工作，与此同时，应该在实际的施工当中采取科学合理的应用技术和操作工具，做好成本控制工作。在施工完毕阶段，需要对工程的计算手续进行一一清算，把相应的合同价款和物资清单进行详细的核算，对相应的成本控制的数据和相应的核算情况进行分析，从而使整个施工过程都置于实际的成本管理的控制之下。

三、提高经济损失补偿和索赔工作的管理水平

在提高经济损失补偿和索赔工作的管理水平方面，主要包括施工项目的可索赔项目和相应的索赔依据两个主要内容。索赔的内容又可以分为相应的工程设计项目的内容变更、

对于不可抗力因素所造成的事故损失所进行的赔偿金额和项目、业主对于施工工期和施工质量的主体要求、施工图纸的制作明细和交付日期的变更、业主对于施工工程所要求的额外工作和相应的工程管理所引起的不可预判和造成利益纠纷的项目等可索赔的内容。而索赔的相关依据方面,又包括相关的施工合同和临时签署的具有法律效力的文件,其中包括施工合同双方所签订的合同协议书、投标中标通知书、相应的施工材料款项的使用条款、对于技术使用的规范化文件和相应的施工图纸的使用说明书的制定规格等。

第六章 桥梁工程施工进度管理

第一节 公路桥梁施工进度与管理问题

本节针对公路桥梁施工进度与管理的相关问题，主要从四个方面对其进行探讨：由于施工进度在施工管理的进程中占据重要的地位，因此，首先具体阐释了公路桥梁施工进度管理的必要性；其次是针对当前公路强梁施工进度的状况，分析影响其施工进度和施工管理的几个要素；而后在上述两者的基础之上，列举解决公路桥梁施工进度与管理问题的有效途径；最后对全文内容进行总结。以期本节论述的内容能够为公路桥梁施工过程中所出现的相关问题提供解决措施和参考，在保证桥梁施工安全的前提下，推动施工进程又好又快地发展。

随着城市化浪潮的日益汹涌以及社会主义现代化建设进程逐步加快，对公路桥梁的需求也愈来愈大。这就对公路桥梁的施工进程造成了较大的压力。但是，建设公路桥梁绝非是一蹴而就的，它还需要周密的建设规划和对工程施工的整体设计，并且在对施工场地的实际情况进行调查的基础上，以设计图纸为标准，以施工的实际情况为转移，来开展施工工作。但是公路桥梁施工工程由于规模大、周期长等特点，容易受到多种因素的影响。所以，公路桥梁施工企业应当格外重视提高施工管理水平，加快施工进度。

一、公路桥梁施工进度管理的必要性

公路桥梁施工管理的大致内容可以划分为以下三个部分：工程项目质量管理、成本控制管理和项目工期管理。虽然这三个部分是依据标准而划分出来的，但这并不意味着他们之间的关系是相隔离而独立存在的。根据哲学的理论体系来看，这三者之间的关系是对立统一的。其具体情况如下，在加快公路桥梁施工进程之时，能够有效地减少施工成本，提高施工的速度。但是，进程的加快又反作用与施工项目的质量方面，使得施工工程项目的质量无法得到充分的保障，进而对施工周期产生极大的消极影响。因此，就上述内容而言，对施工进度加以管理是整个公路桥梁的施工过程中不可或缺的一部分，它对提高施工效率具有重要意义。

二、公路桥梁施工进度管理的影响要素

项目设计团队因素的影响。能否由高质量的公路桥梁设计方案对于公路桥梁施工能否高质量的进行是具有重要影响的。公路桥梁设计方案的质量高低，从根本上影响了施工进度和施工质量。因此，项目设计团队必须依照现实情况和合同中的要求，充分地考虑施工进程中的细节问题，以确保方案的可实践性，科学合理的对方案进行设计。

施工团队因素的影响。施工团队和施工企业是公路桥梁建设过程中的实际操作者，也承担着最为主要的施工责任。假如施工企业在实践过程中缺乏高水平的专业能力，施工进度管理不得当，施工设备落后等，就会直接影响施工进程。施工企业无论产生了何种问题，对于公路桥梁的施工进程来说都是致命的，会导致施工进程的停滞不前。同时，由于施工能力的缺乏，会导致公路桥梁的施工周期大大延长，也就从一定程度上增加了施工成本。这也为施工企业树立良好的企业形象带来负面影响，降低了企业的市场占有率。

监管体系因素的影响。监管体系在公路桥梁施工进度管理中也同样有着重要的地位。监管体系在监督方面可谓是对项目工程的施工工作有着重大的责任和义务，假如监管体系不能够充分地发挥自身的职能，就会使得在产生重大施工问题或者合同问题时，无法对其进行明确的判定，同样也不可能对施工各方进行有效的协调，如此便会影响工程施工进度。

三、解决公路桥梁施工进度与管理问题的有效途径

解决公路桥梁施工进度与施工管理问题的有效途径主要有以下四个方面：第一个方面是在施工开展之前，根据实地情况，有根据的制定符合现实的施工进度管理计划；第二个方面是在公路桥梁施工的过程当中，需格外重视将各项施工进度管理方案落到实处，以确保最终施工目标的完成；第三个方面是对施工合同中的要求进行审查，以施工合同中的具体要求为准则开展工程建设；第四个方面是要建立健全施工管理监督体系，对相关施工企业特的施工进度加以督促。下面是具体的论述：

首先是制定符合现实情况的施工进度管理方案。在公路桥梁施工之前，应当首先对施工场地的实际情况进行核实和考察，以完善施工计划，保障公路桥梁施工进程高效性和规范性。相关的桥梁施工企业需要依据国家有关行业标准，结合项目工程建设的具体要求，完善施工各环节的施工计划。除此之外，还需要对公路桥梁施工建设的具体计划进行划分，以施工工程的整体进度计划为参考标准，将其分为两个部分：极度施工进度计划、月度施工进度计划，保证施工目标顺利完成。

其次是将各项施工管理方案落到实处。施工企业在公路桥梁施工的过程中，需要对各个施工环节的具体完成情况进行审查和督促，确保能够在规定的时间内完成相应的施工目标，并在完成之后，依据最初制定的施工计划，对施工成果的质量进行监测；同时，需要在监测结果的基础之上，认识到以往施工计划的不足与缺陷，并相应地做出调整，在最大

程度上保证各个施工环节都能获得满意的结果。另外，在施工开始之前对施工计划进行考核并不意味着在施工过程中就不用再次对施工计划进行深度排查了，而是应当对其进行全方位的考核和严加管控，为上层技术人员调整计划提供基础，实现施工效率的高效化。

最后是建立健全施工管理监督体系。施工企业需要建立健全的施工监督体系，对公路桥梁施工进程进行管控，严格完成各项施工计划，并且将施工完成的结果向有关人员进行定期汇报，反映施工过程中出现的问题。监督体系和有关的监管人员应当协调各方面的关系，听取施工进度的经验和建议，充分发挥监管体系的作用。

综上所述，对公路桥梁施工进度加以管控是提升公路桥梁施工质量和施工效率最为有效的策略。因此，在面对公路桥梁的施工进度和管理问题时，不仅需要制定完善的施工计划、明确施工合同各种的各项要求并贯彻落实，而且还需要发挥监督体系的积极作用，督促施工进程，保证施工质量，排除内外各项因素对公路桥梁施工进度的消极影响。

第二节 客运专线项目桥梁进度计划管理

本节结合郑州到西安铁路客运专线渭南渭河特大桥项目进度计划管理，详细论述了该项目在工程施工中采取的进度计划管理模式、管理方法和管理措施，同时阐述了大型铁路项目桥梁施工高效推进的策略，以期为下阶段大型客运专线项目进度计划管理提供一定的参考。

工程概况：新建铁路郑州至西安客运专线是国务院批准的《中长期铁路网规划》四纵四横中徐州至兰州客运专线的中段，在推进中部崛起和西部大开发战略中具有重要地位。郑西客专渭南渭河特大桥工程华县至渭南段，线路全长12.9公里，主要工程量为特大桥1座，其中跨渭河2次，跨地方公路4次，东跨渭河桥跨形式为1联40+64+40米、1联40+5*64+40米悬灌连续箱梁、26孔44米节段拼装箱梁；跨公路为3联40+64+40米悬灌连续箱梁、1联32+48+32米支架现浇连续箱梁；西跨渭河为7联48+4*80+48米悬灌连续箱梁；其余为242跨32米和24米简支箱梁。总圬工砼量为53万方，总造价约7亿元。该桥结构形式多、施工难度大，是郑西客专全线四个控制性工程之一。主要工期目标为：2008年8月10东跨渭河贯通，2008年12月底西跨渭河贯通，2009年4月底桥面系及无砟轨道施工全部完成。

渭南渭河特大桥工程，由于桥跨形式多、悬灌梁施工规模大、节段拼装施工工艺新、施工中的不可预见因素多、进度控制难度大，需要采取科学的施工组织设计和强有力的进度管理措施。该段工程由于受到渭河防洪评估影响，图纸晚到一年半，在施工启动后，又先后面临政策性防洪停工、雪灾、512地震等不利影响，在此情况下，业主仍要求合同工期不变。为此，该项目部结合工程特点、科学组织、大胆管理、勇于创新、狠抓落实，按期完成了施工目标，并在当时创造了多项国内施工进度指标。他们采取的主要进度管理模

式、管理方法和管理措施如下:

一、进度计划管理模式

渭南渭河特大桥项目施工管理模式采用二级联控,项目经理部作为指挥、协调、经济管理机构,负责日常的经营管理工作,分别由工程部、物资设备部、安质部、计合部、财务部、综合部、实验室组成,经理部下设四个分部、四个拌和站。由于工期紧、投入大、资源紧张的特点,项目部改变传统的管理模式,对组织架构进行了整合、优化,实行一体化管理。经理部统一调配物资设备、统一调剂管理人员、统一协调对外关系,优化了资源配置,分部主要负责现场施工管理,一门心思抓进度、抓生产。其次,根据管段长,横向间单位多,工序之间接口复杂,协调难度大的特点,经理部设立调度办公室负责日常进度计划的监控、管理。其三,由于工期紧,只有一年零四个月,重难点工程多,队伍施工水平差异大,导致关键线路变换较快,总工期计划控制难度大。为此,项目部由专人编制施工组织设计,更新网络计划图,关键线路一旦变更,施工方向也随之进行调整。

二、进度计划管理体系

建立项目工程进度管理体系,形成高效的进度计划信息沟通渠道,是进度计划管理的核心。渭河特大桥工程建立了三级计划管理体系,以形成进度的全程控制。

(一)一级计划——总控制进度计划

主要指出最终进度目标,为各分部、分项工程指出明确的开工、完工时间,并能反映各分部、分项工程相互间的逻辑制约关系,以及各分部、分项工程中的关键路线。总控计划一经确定,便成为项目施工的纲领性文件,各方均要严格遵照执行,不做轻易调改。各工区必须遵守总控计划,凡遵守或违反工期规定,经理部在考核中均有对应明确的奖惩措施。

总体进度计划的编制采用横道图和网络图两种形式,其中网络图应用的较好,如西跨渭河悬灌数量多,计划编制较复杂,通过网络图可以清晰地看到关键线路和资源投入,指导施工方向和资源调配,既可以有效地控制总工期,又可以控制成本投入。

(二)二级计划——阶段性工期计划或分部工程计划

项目部根据总体工期计划或年度施工计划制定出月度实施性计划或单项工程计划,下达计划前需通过经理办公会讨论,以文件形式下发后作为考核奖励的依据,能有效地激发分部大干的积极性,该计划是进度管理的核心文件,需要高度重视。

(三)三级计划——周计划或日历性计划

他是将二级计划进一步细化到日常的施工安排中,是最基本的操作性计划,应具备很强的针对性、操作性、及时性和可控性。分部通过控制日历性计划、发现问题、畴划资源、确保了月度计划的完成。

项目部通过建立进度计划管理体系，实现了进度计划层级管理、系统管理，为控制工期、节约成本起到了重要作用。

三、进度计划管理的形式

渭南渭河特大桥项目进度计划制定遵循先总体、再阶段、后详细的原则。在进度控制过程中，则遵循目的性、系统性、经济性和动态性的基本原则。进度计划作为工程项目管理的核心工作之一，贯穿于项目生命周期的全过程，在具体实施过程中，计划会不断地得到细化、调整，形成一个动态管理过程。项目部由专人负责进度计划的静态和动态管理，通过系统化的分析，合理分解施工过程，控制总工期按时完成。

渭南渭河特大桥项目进度计划管理可分为四层三级管理形式：四层即指挥部、经理部、分部、作业队伍。三级，第一级为决策层和公司领导，主要跟踪项目的总计划和里程碑计划，并负责处理协调影响项目进展的关键因素，为完成项目提供良好的外部环境；第二级为经理部领导班子，跟踪和动态管理方案、物资采购及施工计划，控制施工过程，处理施工中出现的重大问题，确保工程总进度目标和重大里程碑目标的实现；第三级为分部，负责组织实施月度计划和日历性计划的完成，处理施工过程中的协调、资源利用等问题，合理安排工序，指导作业层施工，以确保任务完成。

四、进度计划管理措施

渭南渭河特大桥是郑西客运专线最关键的控制性工程之一。为保证项目工期，确保工程质量，并实现良好的社会效益，项目部采取了如下措施：

（一）采取的技术措施

①使用新工艺。根据管段地质情况，河堤外黏土地层钻孔桩采用旋挖钻机配顺帮钻孔液工艺，河道内砂土地层钻孔桩采用回旋钻施工工艺，提高了成孔速度和成孔质量，加快了钻孔桩施工进度。

②水中钻孔桩、承台施工采用围堰筑岛方案，承台开挖使用钢板桩加井点降水的方案，不但加快了施工进度，还节约了大量的成本。

③由于空心墩施工工艺复杂，工效较低，为加快进度，项目部通过设计变更，将空心墩变为实心墩，并优化墩身尺寸结构，降低了施工难度，减少了模板投入，加快了模板倒用效率，提高了墩身施工进度。

④44米节段拼装梁原设计为造桥机施工工艺，由于图纸晚到一年半，只有一个工作面，且无法满足工期要求，项目部经过邀请专家方案论证，变为移动膺架法施工，增加了工作面，保证了施工工期。

⑤为加快悬灌梁连续梁施工速度，项目部变更0#块临时固结方案，减少了人工凿除

临时固结时间和强度，提高了工效，并由原来的 10 天提高到现在的 4 天，为实现两跨渭河 48 个悬灌梁高效完工奠定了基础。

（二）管理措施

1. 组织策划方面：重点做好管理策划，细化职责分工，提高责任意识

①施工前做好组织策划，任务分工明确，并细化岗位职责，并将工作计划层层落实到人。坚持过程管控，领导干部要随时掌握工作进展。同时，项目部实行工作问责制度，对出现责任事故的个人追究到底，确保工作落实到位，增强管服人员责任心。

②抓好施工中协调管理，杜绝停工、窝工。项目部除常务副经理管生产外，还设置调度办公室，动态掌握现场施工情况，及时发现现场的问题，随时报告主要领导进行解决，不让矛盾累积，不让矛盾升级，始终让项目部生产管理环节畅通有序。

2. 施组管理方面：科学编制计划，狠抓计划落实

①科学编制施组，统筹安排生产，确保现场连续、均衡施工，重点抓好关键线路上的施工工艺和衔接工作，以日保周、以周保月、以月保年。

②编制网络计划，系统管理进度。通过网络图可以清晰地掌握工程的节点，找到关键线路，实施动态管理。控制性工程进度滞后的及时进行预警纠偏、进度超前的可以调整资源保证重点，确保均衡施工，总工期受控。

③坚持抓好重、难点工程施工进度，项目部以超常规方式进行重点工程施工安排，编制了严格而又紧凑的实施性计划，敢于投入，并随时监控、跟踪进度和计划的关系，发现问题及时采取果断措施，以确保按期完成。

④坚持采用日历性计划管进度，项目部主要领导随身携带进度管理图册，跟踪施工进展情况，发现问题及时纠偏，以确保周、月计划的完成。

⑤为加快施工进度，项目部先后组织 27 台钻机及相关配套设备，同时对钢筋笼制作加大关键工序的考核力度，缩短焊接时间，提高成桩速度。

⑥在计划落实方面，项目部通过抓雨天施工，夜间施工，抓劳动效率，使进度计划得到进一步落实。

3. 现场管理方面：加强服务意识，及时解决现场问题

①加强现场服务，主要包括经理部对分部的服务，拌和站对分部、队伍的服务，分部对队伍的服务，减少中间环节，提高组织效率。

②由项目部和分部主要领导出面加强和监理单位的协调沟通，实现了监理工程师 24 小时随时检查验收，确保了工程进度。

③解决问题方面，项目部算大账，不计较小的得失。比如：由于拆迁地段施工便道较窄，大型机械和车辆无法通过，影响了工程施工。项目部果断采取措施，采用临时租地解决了场地问题，确保施工继续进行。

4.人、料、机资源管理方面：优化配置、保证重点

①施工前，根据施工组织设计配置相应的人员、设备、材料，特别是劳务队伍和地材不但要按需配置到位，还必须有备用方案，确保抢工期间资源保障到位。特殊设备和模板要在厂家进行试拼和验收，确保到场后立即投入使用。

②资源配置向重难点工程倾斜，特别是两跨渭河河道内施工。通过增加劳动力、模板、机械设备，实施大兵团作战模式，集中全项目优势资源进行抢工会战，缩短关键部位、关键工序的总时间，保证关门工期。

③针对现场实际情况，及时调整资源部署。如：个别分部管段较长，管理难度较大，项目部根据到图情况，及时调整管段范围，解决管理效率低下和资源利用等问题，确保均衡生产。

④资源调配方面，由于拌和站砼产量有限，现场砼供需矛盾十分突出，项目部将调配权力划归项目经理部协调，按照重点的等级依次施工，以此保证了重难点工程工期。

5.激励和约束机制方面：科学制定奖罚措施，全面提高参建员工的积极性

①大力推行劳动竞赛制度，主要内容由施工产值、文明施工环境保护、执行能力、团队建设、成本效益、安全生产、工程质量和宣传报道等八部分组成。月末根据八项指标对各分部和各拌和站进行考核打分，对得分前两名的进行奖励。奖金覆盖至分部全体管服人员，激发员工的工作积极性。

②实行工序考核制度，挖掘分部管理潜能。主要针对工程量大、工期紧的项目，对照标准施工时间，考核单工序时间和工序衔接时间。

③实行进度包保制度，根据施工组织设计中的节点工期，和分部或劳务队伍签订工期包保责任书，制定奖励目标，加大奖励额度，刺激分部、队伍按期或提前工。

④实行工效创新奖励制度，按照工程项目类别，每月设立工效创新奖，即对单工序循环时间最短的项目进行奖励，这种方法不但能加快单项工程施工进度，创造施工记录，还能带动和提高工序整体管理水平。

⑤实行项目考评制度。主要做法是采用民主评议的方法对管理人员进行考评打分，考评结果当月兑现。该办法包含经理部、分部、拌和站、劳务队伍、各业务部门，体现了全员参与评先的氛围，激励管服人员爱岗敬业、提高工作效率和质量。

第三节　道路桥梁工程进度款结算的管理控制

道路桥梁工程施工之前，建设单位、施工单位、监理工程师都需要签订好相应合同，每方都需要根据合同承担相应的责任，避免出现工程款挪用或者拖欠的现象。但是，在实际施工过程中，由于道路桥梁工程本身较为复杂，且工程耗时较长，就会使得施工过程受到各种因素影响，进而出现工程款拖欠的现象。本节主要对道路桥梁工程进度款结算的管

理控制进行分析探讨。

　　所谓工程进度款，主要就是指在实际施工过程中，按照月份完后的工程量进行各项施工费用的计算总和。建设单位需要根据工程的承包合同当中规定的相关条款，以及监理工程师所签署的实际工程量签单、产品质量的检验合格证，对施工单位的具体款项进行支付，并依照合同的实际约定比例与时间，对工程款进行扣回。其属于工程项目进行竣工结算之前，进行工程投资支付的主要方式。通常情况，在对工程进行设计的初期，就会确定相应的工期，确定工程的具体进度，而工程进度又对工程进度付款具有直接影响，因此，工程进度款与其投资、工期之间相互制约、相互影响。

一、道路桥梁工程款审核的依据

　　道路桥梁工程的进度款在进行审核的时候，主要根据《建设工程工程量清单计价规范》当中的相关规定，为施工单位制定相应的工程量清单，主要包括以下几点：建设工程的工程量清单的计价规定；国家或者是省级、主管部门等所颁发的计价办法或者依据；建设单位所制定的设计文件；建设单位施工中的相关标准、技术、规范；招标文件以及相应的补充通知、答疑纪要；施工场地的实际状况，工程特点，较为常规的施工方案；制定的施工合同以及相关协议书；其他有关资料。除此之外，在《建设工程工程量清单计价规范》当中规定，承包人员需要在每个付款的周期内，将进度款的具体支付申请呈交给发包人，并附上相应的证明文件。

二、加强工程进度款的管理控制

　　由于道路桥梁在施工过程中，通常会出现拖欠或者挪用工程进度款的现象，就需要不断加强对工程进度款结算的管理与控制，以此确保进度款顺利结算。道路桥梁工程的进度款管理控制主要包括以下几点措施。

（一）国家部门加强宏观审核管理

　　国家相关部门需要不断地加强对监理单位所具备的资质进行审查以及日常管理，并对违规行为进行严格的处罚。对监理单位的市场准入资质进行严格的审查，以此使能够进入到市场运行的监理单位都具备充足的条件，并加强对其管理。监理工程师需要具有较高的责任心，并根据相关法律、法规进行相应的监理，避免市场内部混乱；同时，监理单位也需要不断地加强对具体监理的工程师进行管理以及监督，对于渎职的监理人员需要及时撤换。政府相关部门需要以国家的法律法规为基础，对建设工程进行相应管理。对于缺乏资金的建设工程，不允许办理相应的开工手续。除此之外，还需要对工程合同进行严格管理，并对合同中的矛盾进行相应调解以及化解。在签署相关工程合同后，就具备相应的法律效力，建设以及施工单位双方就都会受到合同的约束，并对合同规定自觉遵守。

（二）建设单位应加强工程进度款审核的支付管理

建设单位需要根据合同约定，对工程进度款进行支付。目前，我国的建筑市场仍在对工程量清单招标进行全面推行。通过工程量清单进行招标，并和中标人签署相应的施工合同，以工程量清单当中的报价作为基础，将中标价设置为合同价。中标人所签署的投标文件当中的工程量清单项目的实际单价，就是工程款进行拨付的依据。而建设单位需要根据签订合同内容以及施工进度，对工程款进行支付，并按照承包人已经完成的施工项目以及单价，对工程的进度款进行拨付。在对工程进行竣工验收的时候，承包人则根据合同约定、设计变更、竣工图纸、工程签证等相关的工程量清单项目进行单价投标，并以工程量清单当中的约定实施计算，以此对具体工程实施计量，并对工程量清单当中的实际工程量进行调整，以此对工程的结算价款进行计算，并对工程造价进行确定。如果在合同当中已经制定相应的工程预付款，就需要根据合同当中所约定的数额与时间，向承包单位支付相应的工程款，并根据制定的比例与时间，在工程款的支付过程中进行相应的扣回。

（三）加强工程进度款的管理

施工企业需要对工程项目进行强化管理。施工企业不仅需要不断地加强对管理人员的管理，而且还需要将所有的在建工程创建相应的工程台账，每个工程需要依据仓库以及施工现场所使用的材料，都需要根据签订的合同，确定材料的具体价格以及计价方式，进行中间结算；同时，需要与工程合同相对照，了解相应工程进度，以此对建设单位收取相应的工程进度款。同时，监理单位需要对监理工程师进行相应的监督以及管理，以此使监理工程的自身素质得以有效提高。建设单位在对工程进行管理的时候，需要注意以下几点：施工资料的有效管理，确定工程造价以及工程质量。例如，双方工程师签证、工程设计变更、各种质检报告、入场材料的合格证书、收工验收记录等。施工工序的验收。想要确保工程质量，最重要的就是对各项施工工序进行严格的把关，每项工程只有实现了有效验收，才能实施下一道工序。对工程的工期进行管理，其属于工程顺利完工的关键。如果施工方发生工期延误，就无法在合同约定时期内完成相应的进度，这就需要向施工单位提出索赔，并由施工单位对延期损失进行补偿。

综上所述，对道路桥梁工程的进度款结算进行严格管理控制，其会对工程的进度、质量、工期等具有直接的影响，并能够使进度款结算过程中存在的拖欠、挪用等现象得以有效避免，确保道路桥梁工程的施工质量以及工程的顺利实施。

第四节　跨岩溶区施工风险、质量及进度管理

高速公路拼宽桥梁项目开展时，如遇到岩溶区域，将增加施工风险，降低施工质量，拖慢施工进度。本节结合工程实例，详述岩溶区域内拼宽桥梁施工进度、质量及风险管理

措施，为拼宽桥梁安全、优质高效地施工提供理论参考。

随着区域经济及交通运输业的发展、交通量的快速增长，高速公路新建、扩建工程极有必要。其中部分施工项目在桥梁加宽过程中会遇到地质条件复杂的溶洞、土洞。为实现施工目的，保证施工质量，保证结构安全，安全、优质、高效地完成岩溶区域拼宽桥梁桩基施工需要综合的项目管理手段。基于此，本节结合旧桥档案资料、新桥勘查资料及溶洞区域施工特点，施工前及施工过程中需合理周全地制定施工进度、质量及风险管理对策。

一、溶洞区域高速公路拼宽桥梁施工案例介绍

本节在分析溶洞区域高速公路拼宽桥梁施工进度、质量及风险管理策略时，以广州机场高速北沿线 (大广高速) 牛建垅拼宽桥工程为例，该工程跨越山间洼地，跨桥布置相同于老桥，采用 30m 先简支后桥面连续小箱梁作为桥梁上部构造，下部构造以钻孔灌注桩作为桩基，0# ~ 3# 嵌岩桩，4# ~ 6# 摩擦桩。

根据现有资料，在勘察揭露场区内 NK0+430 ~ NK0+460 段，石炭系石磴子组 (Cs) 灰岩、炭质灰岩为其下卧基岩，岩石内岩溶的发育较好，存在溶洞，该溶洞不利于拼宽桥梁的施工。在牛建垅拼宽桥桩基中，存在岩溶情况的桩基有 3 个：01-LA：溶洞深度为 4m，充填物为全充填灰褐色软塑状黏性土，软弱覆盖层厚度 11.5m；01-RA：溶洞有 2 个，深度分别为 1.3m、0.9m，前者充填物为全充填软塑状黏性土混溶蚀灰岩碎块，后者充填物为全充填褐灰色软塑状黏性土混溶蚀灰岩碎块。软弱覆盖层厚度 7.4m；02-RA：溶洞有 2 个，深度均为 3.6m，充填物均为全充填灰褐色软塑状黏性土，软弱覆盖层厚度 9.7m。

二、施工风险、质量及进度管理对策

鉴于牛建垅拼宽桥桥位地质复杂 (溶洞发育的多样性、溶洞尺寸位置的不确定性、洞内填充物的复杂性)、距离运营桥梁近，牛建垅拼宽桥施工难度会明显提升，若未能妥善安排施工，将会增加施工风险，拖慢施工进度，降低施工质量，甚至易出现事故，危及旧桥结构及行车安全。因此，必须妥善做好施工准备阶段及施工过程中质量安全管理，以确保施工的顺利进行。

（一）施工风险管理对策

在拼宽桥施工前应提前搜集旧桥施工资料、勘查施工现场周边环境、熟识设计资料，依据工程实际编制拼宽桥范围内岩溶洞桩基专项施工方案、安全风险分析及施工应急预案，做好施工重难点分析，逐桩设计溶洞处理原则及技术方案。岩溶区域拼宽桥桩基施工较易出现以下几方面的问题：钻孔偏位、卡钻、埋钻及掉钻、塌孔、漏浆、斜孔、断桩。这些问题的存在会明显地增加施工质量不合格、施工速度变慢的发生风险，甚至可能会引发重大事故，因此，要针对这些问题，有效地开展施工风险管理工作。首先，要分析风险的发生原因，只有在明确原因的基础上，才能保证风险防范措施获得预期的管理效果，如卡钻

事故，未清楚了解溶洞分布情况为该事故发生的主要原因，对此，要对冲程做出严格控制；钻机运转性能要经常检查，及早发现并解决故障隐患。其次，施工风险管理人员要制定完善的应急预案，施工前做好施工班主安全交底，溶洞处理不当情况下可能会引发地陷、旧桥断桩、桥面塌陷，既影响施工、危及施工人员人身及生命安全，又危及机场高速北延线(大广高速)运营安全，对于此种情况，管理人员应制定全面的应急预案，成立溶洞处理应急小组，保证事故发生时能够有条不紊的处理，确保施工发生后不再发生次生事故，使事故影响降至最低。最后，施工管理人员还需在施工期间对施工情况密切观察，并加强旧桥沉降监测，一以避免安全隐患问题的发生。

（二）施工质量管理对策

若处理不当，拼宽桥梁容易发生塌孔、缩颈、断桩等质量事故。为使溶洞对施工质量的影响降至最低，结合牛建坈拼宽桥实际情况，制定科学的溶洞处理方案，做到一桩一设计，保证施工质量。在施工区域内，溶洞大小并不相同，充填物及软弱覆盖层厚度也存在明显的差别，处理时可采取多种方法，以获得理想的处理效果。例如：回填造壁法，施工按照正常钻孔方法进行，溶洞被钻穿出现漏浆情况后，黏土及片石反复投入，钻头冲击力作用下，向溶洞及岩溶裂隙中挤入黏土及片石，同时，也可将水泥、烧碱、锯末掺入其中，促进孔壁自稳能力提高；再如注浆处理法，充填物填满溶洞或流沙存在于溶洞内情况下，如果充填物不满且深度处于 1 ~ 3m 内，或溶洞处于多层，预处理工作需在钻孔桩施工前进行，处理方法即可选择注浆处理法，利用此种方法加固时，可在一定范围内控制浆液灌注，防止出现流失，提高浆材的利用效率，同时能够显著地提高处理的牢固性，保证施工质量合乎标准。

（三）施工进度管理对策

拼宽桥遇溶洞施工时，因溶洞处理及监控监测增加施工内容及施工难度，进而可能延长施工时间，最终导致施工缓慢。但鉴于工期要求及施工成本考虑，在实际施工过程中，仍需避免因不可预料原因引起的工期延误情况。基于此，将处理溶洞所需的施工量及时间准确的标明在施工进度计划中，同时派出有经验的岩土工程师、保证机械设备、储备充足填筑材料，以保证施工时间充足，避免出现工期延误现象。另外，施工开展后，管理人员应结合溶洞处理工作特点、实际处理速度等，合理地安排各项施工工作，减少溶洞病害处理时间，确保每项工作均在预定时间内完成，实现施工进度控制的目的。

综上所述，高速公路拼宽桥梁工程处于溶洞区域时，施工过程中要科学地处理溶洞，并结合施工特点，科学地开展施工风险、质量及进度管理工作，确保工程施工能够在规定的时间内顺利完成，使施工质量与相应的要求相符合，避免风险事故的发生。

第七章　桥梁工程施工安全管理

第一节　桥梁施工安全管理的难点

在对桥梁施工安全管理的难点进行简要分析的基础上，对桥梁施工安全管理的优化建议进行论述。通过研究降低桥梁施工安全事故率。

一、桥梁施工安全管理的难点

（一）机械设备

施工机械设备是安全管理的重要方面，存在着诸多安全隐患：机械设备操作人员没有操作资质，在操作机械设备时不专心，频频出现操作失误，易酿成安全事故；机械设备使用频率较高，一些机械设备处于日夜运行状态，并且没有及时采取保养措施，使得机械设备出现了安全隐患，时常发生机械故障，不仅威胁到施工人员人身安全，而且还会影响工程进度；施工单位不重视机械设备检修工作，没有及时地更换破损的零部件，导致故障隐患未能及时排除。

（二）施工材料

在桥梁施工中，施工材料作为安全管理的关键环节暴露出一些管理弊端：施工材料混乱堆放在施工现场，在施工人员不注意的情况下，可能会被绊倒、砸伤、撞伤，威胁到施工人员的人身安全。尤其对于一些危险物品或外形材质较为锋利的材料而言，若随意堆放，则会增加发生安全事故的可能性；施工材料本身存在质量隐患，在施工中使用质量不合格的材料有可能引发坍塌等事故，严重威胁到施工人员的人身安全。

（三）作业环境

作业环境是影响桥梁工程能否安全顺利完工的重要因素。桥梁施工属于露天作业，受外界环境变化的直接影响，如果遇到暴雨、狂风等恶劣的天气，则会严重影响施工的安全性，造成施工现场湿滑、混乱，不利于施工安全管理；在施工过程中，如果遇到地质问题或地下水位变化问题，也会增加施工安全风险，一旦出现地下结构变化，则很有可能造成重大施工安全事故。

（四）参建人员

施工人员是保障桥梁工程安全顺利施工的主体，但是从当前施工队伍整体素质上来看，我国从事桥梁工程施工作业人员主要以农民工为主，约占总人数的 65%，他们的素质不高，具体表现为学历偏低、知识结构不完善、安全意识不强、工作行为不规范；同时，施工单位不重视施工队伍素质建设，没有积极开展安全教育培训，导致施工人员缺乏安全防范技能，不熟悉安全操作规程，在施工中经常出现违规作业情况，给桥梁施工埋下了诸多安全隐患。

二、桥梁施工安全管理的优化建议

（一）加强安全教育和安全检查

桥梁施工单位要重视安全教育培训，定期组织安全教育培训活动，向安全管理人员、特种作业人员传授安全技能，使其掌握安全操作规程，提高安全意识。要求从事重要施工工序的作业人员必须持证上岗，如焊接施工、高空架设、起重作业等岗位，这些施工人员应具备相应的操作资质。施工单位要做好安全宣传工作，在醒目的区域张挂安全警示标语，时刻提醒施工人员保持安全警惕；同时，施工单位还要在桥梁工程实施之前制定和落实安全施工组织措施、机械设备安全管理制度、安全防护措施、施工人员培训制度、安全生产责任制等。此外，在桥梁施工中要严格执行安全检查，采取定期、不定期与专项检查相结合的方式，构建起完善的安全检查体系。在定期安全检查中，要求施工班组在每日施工中进行自检、互检和交接检。由安全管理部门联合质量管理部门、工程管理部门、物资设备部门，每周进行一次全面的安全检查，针对检查出来的问题进行整改。在不定期安全检查中，安全员要根据施工环境变化进行巡检，尤其在恶劣的天气条件下，要重点检查施工现场是否做好防风、防洪、防倒塌、防触电等措施。在专项安全检查中，安全管理部门要派负责人，牵头其他部门负责人，对桥梁工程中的关键施工项目进行专业性的安全检查，确定安全检查内容，出具安全检查报告，提出安全管控建议。

（二）强化现场安全管理

施工现场存在诸多危险隐患，所以必须强化施工现场安全管理，及时消除事故隐患。设置隔离围护，将施工现场与外界相隔离，并在围护的醒目位置标识施工单位名称、施工概况、现场平面图、施工现场安全管理规定等，使施工人员了解施工现场的安全作业要求；合理布局道路运输，将主要道路连通于各个临时建筑物，尽可能地减少道路运输的弯道，避免因弯道过多给道路运输带来不便；合理安排施工材料堆放，遵循分类堆放的原则将施工材料、施工设施构件、预制构件堆放整齐，控制好材料的堆放高度；在作业区域内，设置齐全的安全设施，如安全护栏、安全网、防护罩等，不允许擅自拆除安全设施，如若需要更改安全设施设置方案，则必须向安全管理部门报备，待安全管理部门核查后准许移动或拆除设施；在施工危险部位设置安全警示标牌，尤其对于施工区域的孔洞，要设置防护围栏或红灯警示标志，避免施工人员误入其中；严格检查进入施工现场的机械设备，确保机械设备的使用性能满足安全施工要求。在机械设备使用过程中，要遵循"三定"原则强化管理，建立机械设备台账，做好维护、保养、检修工作，确保机械设备始终处于最佳运行状态，及时消除故障隐患；在施工现场中，安全员要加大巡查力度，若发现施工人员出现违反安全规范、安全技术标准的行为，必须立即予以纠正，必要时可采取相应的惩罚措施。

（三）关键工序的安全控制措施

钻孔施工的安全控制。在施工之前要保证机架平稳，避免施工中出现机架位移现象，使用缆绳对钻架顶端进行对称张拉。在使用冲击钻机时，不允许非作业人员进入施工现场，待施工完毕后，将钻头放置在安全位置，并对钻孔进行检测。

墩台施工的安全控制。不允许施工人员在已安装的钢筋上行走；在吊装模板之前，保证吊点牢固，听从现场指挥进行吊装，不得吊装超载的模板；待模板安装完毕后，利用连接器和箍筋固定好模板的位置，避免模板倾倒砸伤施工人员；施工人员在施工振捣器之前，要检查振捣器电线端部连接是否安全，外壳接地装置是否正常，待振捣作业完毕后，及时关闭电源，保证振捣器使用安全。

挂篮施工的安全控制。在对挂篮进行安装时，必须安装好锚固和辅助限位装置；在对桁架系统进行焊接作业时，应当对未成形的桁架杆件进行稳固，以免倒下伤人；挂篮行走前，应对各个部位进行认真检查，发现隐患问题必须及时处理，挂篮迁移时，作业人员不得站在操作平台上，若是遇到恶劣天气，不得进行挂篮迁移；使用挂篮时，应经常对后锚和张拉平台的保险绳进行检查；浇筑混凝土前，应当对挂篮的吊带及锚固进行全面检查。

桥梁施工涉及的内容较多，一旦某个环节或是细节出现安全问题，都可能会引发严重的安全事故。为此，必须对施工安全管理工作予以高度重视，通过加强安全教育和安全检查，强化现场安全管理，对关键工序进行安全控制，确保桥梁施工安全、有序进行。

第二节　公路与桥梁施工安全管理模式

随着我国经济建设的快速发展，科学技术不断进步，特别是随着我国社会对安全越来越重视，因此就需要施工企业做好施工过程中的安全管理。通过对公路与桥梁工程施工安全管理模式的研究，能够为公路与桥梁工程发展添砖加瓦，能够更好地提升我国建筑行业的整体水平。

公路与桥梁工程管理施工过程安全管理是一项非常烦琐并且重要的工作，其现场施工管理的工作系统性强，需要该项目体系内的多部门协同完成，才能确保施工管理工作的更加科学有效的推进。公路与桥梁工程项目是一项集合多个环节，项目施工时间长的一个系统性工程，各个环节一环套一环，任何一个小的失误都会导致施工安全事故的发生，因此，就需要管理人员检查工人施工时的施工技术是否按照要求执行，这要求施工管理人员有较高的职业素养。

在进行公路工程机械施工过程中有时候会遇到意料之外的事情的发生，而这些意外的发生会对公路工程项目造成非常大的影响，因此就需要做好对意外事故的分析，并提出科学合理的解决，并在之后的工程施工中引以为戒，同时严格地按照相关安全守则进行施工生产。

一、公路与桥梁工程管理的安全管理因素分析

（一）施工前的准备工作不完善

在工程施工前，没有做好对施工图纸的技术检验工作，或者检验的不够全面，不够科学，这就会造成工程质量差，施工难度效率低。这种问题将极大地影响工程施工，会使得现场施工事倍功半，进而引发安全事故的发生。施工材料和工程设备的技术准备工作没做到位，将会造成工程安全性下降，设备使用效率下降或者设备故障多发等情况的发生，这都会影响工程施工效率与质量，甚至是施工人员的生命财产安全。

（二）现场施工管理制度不健全

我国对于公路与桥梁工程施工有一套具体的现场管理规范，但是比较死板，同时管理人员对规范的认识较低，落实情况较差，这对于工程品质及工作人员的施工安全性都有极大的隐患。也正是由于没有相关制度及管理标准，使得现场施工管理人员在对工人进行管理时，全凭主观判断，对于员工管理来说有着极大的漏洞。主要体现在以下几点：施工现场管理人员为保障工程完整进度，随意增加施工工人的工作量，工作量提升时工人的体力自然就下降，这就会造成安全隐患并且降低工程品质。同时这种管理模式不能有效地激发工人的工作热情，反而会使工人的工作效率降低，施工安全性降低，从而没有达到施工现场管理人员期望达到的效果。施工现场各个部门之间缺乏有效的配合机制，没有办法将施工现场各个部门配合起来共同完成施工的某一个环节。当前施工现场还是运用传统的管理模式，相对死板僵硬，效率低下也就无法保证施工时的安全。

（三）施工工人的素质参差不齐

我国当前基础建设各种机械种类非常齐全，但也要求施工人员具备一定的专业素质，能够配合各类施工机械进行施工。同时，施工人员的素质也时刻影响着项目工作的安全施工开展，施工效率和工程质量。但是公路与桥梁工程施工由于其特殊性，工作环境相比于其他工作的困难更大，工人劳动量大，环境比较艰苦，因此，很多具有高素质施工技能的工人不愿意参加工程施工，多数工人为农民工、临时工等，专业素质及职业技能相对较差，安全意识薄弱，工作技能较差，对于安全技术不清楚。这对于工程的安全、高效施工以及

工程品质带来了极大的不确定因素。

（四）施工企业配备的安全管理人员不足，安全投入不足

由于市场竞争日益加剧，施工单位常常处于市场被动地位，尤其是地方企业，施工企业为了承揽工程压低报价，再加上越级资质、借资质承包，施工企业安全人员往往配备不足，有的企业项目管理人员身兼数职，起不到应有的安全监督作用，更无从谈起开展安全教育培训及隐患排查，另外，有些项目管理人员以减少安全经费的投入来增加项目经营效益。

二、加强公路与桥梁工程施工安全管理的具体措施

（一）更新施工安全管理技术及理念

建筑企业在施工安全管理技术更新理念的意识太过于薄弱，以至于建筑企业的相关技术及检验手段太过于老旧。现如今大大小小的企业都有各种先进的技术及检验方法，建筑企业老旧的技术及检验手段在市场上就会比较"吃亏"。所以，建筑企业应该积极学习现有的成功技术及检验理念，尽快地将技术及检验理念进行更新，根据建筑企业自身的情况，合理地进行新的施工安全管理技术理念更新。同时，也需要专业施工安全管理技术人员对其他公司先进的施工安全管理技术进行考察，对建筑企业未来发展趋势进行评估，并结合分析，制定切实可行的施工安全管理技术方案。利用现代化专业手段健全建筑企业的施工安全管理技术理念，提高专业技术人员的专业技能，提高顾客对工程质量和效率的满意度，建立社会化服务体系，提高服务和效率，最重要的是提高工程的施工安全性。

（二）重视工程施工安全，做好安全预防工作

为了确保施工管理工作顺利进行，首先要做好安全管理工作，加强安全施工宣传预防培训工作。另外，为了更好地做到安全施工，施工单位应建立科学合理的安全施工管理制度，明确施工安全，提高施工人员安全施工，规范操作的自觉性；同时做好安全施工的宣传工作，通过海报，培训等方式提高工人的施工安全意识。施工人员安全施工，相关技术也要配合优化，施工单位要加强相关技术的研究和使用，人员与技术的配合才能更好更快地提高施工质量，确保安全施工。

（三）做好机械设备的安全管理工作

现在的工程项目由于有大量的大型机械设备的辅助，建设速度相比于以往有了大幅度的提升，但是如果没有做好技术管理工作就容易造成设备故障甚至事故的发生。需要相关技术管理人员合理规划机械设备的使用与维护，做好同类设备的调度工作，以防单一设备长期处于高负荷工作，造成设备故障并引发工程事故。同时也要做好大型设备的维护工作和小型设备的日常管理工作，对于大型设备而言，要做到每天检查每周检修，保障机械设备的安全可靠。对于小型设备而言要做好管理工作，每天记录设备的领用人，每周统一检

修一次。只有做好对大中小型设备技术管理工作，才能做好工程项目的保障工作，才能实现工程项目的高效建设。

（四）加大安全投入，增加安全管理人员，提升安全保障能力

施工安全及标准化与否关系到一个企业的信誉和形象，人员的投入、设施和措施的投入、教育和培训的投入都需要资金保证，安全投入是企业和工人的"救命钱"，要预防事故的发生必须持续有效地进行安全投入，保障现场的安全措施到位，淘汰和更新不符合安全生产要求的陈旧技术、落后的工艺、安全设备，先进适用的技术装备是企业安全生产的基础。

随着我国社会的不断进步，科学技术不断发展，我国社会对工程施工现场管理的要求越来越高，除了要能够保障基础的公路与桥梁工程要求外，更要相关企业做好其他服务的要求。相关公司在面对竞争日益激烈的市场环境时，需要认清时代变化的实时性，本着务实合作的态度，进行有效的工程施工现场管理工作，有效提供施工安全性，保障工人的生命安全。在发展过程中，通过不断地对公司工程施工现场管理工作的分析研究，以此来取得越来越好的发展和进步。

第三节　基于 BIM 技术的桥梁施工安全管理体系

本节从桥梁施工安全防治的角度出发，基于 BIM 技术的应用，构建了一套针对桥梁施工安全的安全管理体系，其中重点分析了桥梁施工阶段危险源感知与识别、危险防避决策制定、多维可视化安全交底与安全教育等。基于此，通过 BP 神经网络的方法建立了针对桥梁施工安全专项设计评价的模型，对提高施工安全管理水平有重要的作用。

当前，我国的桥梁施工管理领域主要以二维的施工管理为主，而桥梁项目大多技术难度较大、工艺复杂、交叉作业多、异型构件较多，在相对滞后的技术和管理水平下，长期存在着安全事故频发的突出问题。而围绕桥梁工程的施工安全管理技术一直是国内外专家学者研究的重要的课题。

BIM 技术作为建筑业信息化发展的重要技术手段之一，已在行业内得到越来越多的认可，在施工安全领域 BIM 技术的应用也表现出不俗的能力，特别是在房建工程领域基于 BIM 技术的虚拟施工的施工安全管理技术已日趋成熟。而基于 BIM 技术的桥梁施工安全管理技术的研究在国内并没有突破性的成果，本节针对现有的 BIM 技术，结合桥梁工程实际的施工现场环境，构建了基于 BIM 技术的桥梁施工安全管理体系。

一、基于 BIM 技术的桥梁施工安全管理体系

从大多数的桥梁结构来说，其构件大多是大而重的，桥梁结构又以超静定体系居多，

这就导致即使是外观看起来完全相同的桥梁，若采用不同的施工方法进行建造，成桥后结构的内力也会截然不同的。所以，在桥梁设计时各个施工阶段的受力体系，施工方法都会事先确定。

解决施工安全的关键环节就是能够正确地认识桥梁在施工作业进程中的安全事故的诱发机制，并有针对性地制定有效的安全防避决策。在充分利用BIM技术带来的过程可视化、过程全周期监控、技术要点可参数化等功能，再结合相关信息技术，（譬如 VR 技术）可以使参与项目的施工建造者在施工前观看到用 BIM 技术制作的三维交互式的桥梁施工建设全过程模拟动画，项目安全决策者更能在这个过程中直观地进行现场施工条件和风险评估，辅助其高效地进行安全预防决策，提升决策水平。利用 BIM 技术在施工过程中可以动态地识别现场环境的安全隐患，并及时调整施工方案。本节构建的基于 BIM 的桥梁施工安全管理应用体系主要由：危险源感知与识别管理、安全措施制定、多维可视化安全交底与安全教育等主要模块构成。

（一）危险源的感知与识别管理

危险源是指可能导致人员伤害或疾病、物质财产损失、工作环境破坏的情况或这些情况组合的根源或状态的因素。所以它是研究施工安全管理的主要对象。

基于 BIM 技术，我们主要可以从两方面对危险源进行感知与识别管理。一方面，设计阶段在定义各桥梁构件的尺寸、材质等参数信息时可以根据施工工序及工艺对构件进行排序编码，并将相关信息备份上传至云端平台，若构件为预制构件在出厂时就可将构件的相关信息从云端平台导出并通过张贴二维码或条形码方式赋予构件唯一的身份，若为现场施工可利用事先搭建的网页 BIM 模型进行空间定位与网络电子表格对现场数据信息上传，现场的安全员若发现施工安全问题，便可及时地通过扫描早间布置在现场的二维码等信息采集措施查看网页端的 BIM 模型，并开发与此相关的标注系统，以便通过手机等移动端在模型上进行简单的危险源标注。此外，由于现场网页 BIM 模型需网络电子表格辅助的局限性。则可用基于网络电子表格的云安全员发现问题后，将具体的问题信息利用移动端 APP 上传至网络，项目有关人员即可通过移动端登陆云端平台系统进行信息查询和更新。

另一方面，根据桥梁的施工进度安排，将各施工阶段需要的构件在 FUZOR 平台上进行信息建模，形成 4D 模型，对于结构清晰，易于操作且具备项目特有信息的模拟项目可以提前让参与者更加准确地辨识潜在的安全隐患。

（二）危险防避决策的制定

根据已有的不同阶段的桥梁 4D 施工模拟，可以整合出一套桥梁生命周期中各个阶段的模型示意图。并且在施工阶段，结合现有的智能探测和视频监控等技术，施工单位、监理、建设单位以及政府安全部门都可以进行可视化施工安全远程管理。通过理想模型与实时监控之间的对比，直观地从桥梁各阶段的施工进度与构件施工工艺进行监管，特别是那些对桥梁受力体系影响重大的异型构件进行重点管理，并且以此来制定危险防避决策。如果在实际施工中出现了模拟模型与实际施工条件、环境出现较大差异，现场安全人员可通过预先布设的信息反馈装置，如二维码等可将实际问题上传至云端平台，核心决策者可以根据实际情况制定特殊的安全防避决策。

（三）多维可视化安全交底与安全教育

安全管理主要倾向于减少施工人员的不安全行为，从组织行为学和工程心理学的角度来看，结合经典的知识—态度—技能（KAP）模型，即安全知识的扩展、安全意识的提高、安全操作技术与意识的积累。都可以通过安全培训来加以控制，而且这种安全教育，能巧妙地摆脱传统的口说手记模式，而过渡到现代化的多维交互式安全交底。

基于 BIM 的信息完备性和可视化性优势，可通过其进行多维可视化安全交底与安全教育，施工人员可在多维的建筑模型中认识、学习、熟悉桥梁各阶段的施工流程、独特的施工工序以及现场用电安全培训、中大型机械使用安全培训等，BIM 的特性将打破此前在桥梁施工安全领域的安全交底主要以文本或者口头形式的安全交底的传统形式，实现有别于传统方式的可视化安全教育。这不但会提高安全教育的成效，对于安全培训的效率也会大大地提高，从而减少了因培训低效所产生的不必要的时间成本和资金成本，又大幅度提升了施工人员的整体素质。安全管理人员也可以根据安全交底模型进行有目的性的安全检查，使安全检查工作有据可依。此过程可以用 Navisworks 软件为载体，可视化安全交底的步骤主要是用约定的特定方式从不同角度、视场中标注出构件的不同交底信息，再以链接等形式传递此信息，再根据不同的施工精度要求，用 BIM 相关软件做成动画或漫游形式，压缩成 GIF 形式上传至网络供相关参与者使用。

二、基于 BP 神经网络方法的桥梁施工安全专项设计评价模型

桥梁施工安全专项设计的好坏需要一个详细且科学的安全评价模型，此模型能按照特定指标对于施工安全要素进行评价，并在评价过程中收集设计的缺陷，然后用缺陷去修正设计结果，这样才能够得到更加精确且安全的安全评价效果。

而 BP 神经网络方法恰好能满足这一要求，BP 神经网络法也叫反向传播方法，它主要传播误差，并在模拟过程中收集系统所产生的误差，与此同时，将这些误差作为输出值，之后用这些误差来调整神经元的权重，生成一个可以描述原始问题的人工神经网络系统。具体过程如下：

首先，我们将桥梁施工安全专项设计的评价元素分为以下几点：危险源感知与识别、危险防避决策制定、多维可视化安全交底与安全教育。再使用 AHP 综合评价方法生产网络训练样本，其步骤为：先使用层次分析法确定指标的权重，一般来说，桥梁施工安全专项设计中最重要的两个指标是安全投入和合理的施工组织设计，在确定这两个指标无误之后就需要对施工现场的安全检查和安全意识做出要求，企业对于这些重要指标进行详细评估，根据实际情况确定适当的预防措施，保证施工能够安全顺利地完成。其次是对于施工

现场安全状态进行综合评估。而所谓的安全程度是比较模糊的一个概念，谁也不知道如何对其进行详细的描述，此处我们借助模糊数学工具进行辅佐评估，再按照 AHP 法所得到的要素权重，建立出符合施工的安全评估模型。本模型主要分为以下几点：①危险源感知与识别评价集合。对于施工现场安全情况，将安全分为五大方面，分别为人员、机械、物料、法规、环境，再根据这五方面的安全评价建立安全程度集合，按照安全程度的划分可以分为很安全、较安全、合格、较危险、很危险这五个程度。②建立矩阵。将①中得到的相关指标按照设立的标准安全程度登记建立出隶属向量以及隶属矩阵。③计算最终安全评估值。

接着我们可以通过训练人工神经网络，使 BP 神经网络过渡到学习期，人为将网络的连接权修改，使得系统之间输入以及输出之间产生函数关系，从而确保系统的输出为期望输出。也就是我们需要的最优桥梁施工安全专项设计方案。训练完成之后便将各个连接权限固定，待其稳定后再对每个单元的状态变化进行计算。计算出最终的输出值，这一输出值便是通过综合计算以及处理后较为准确的桥梁施工安全专项设计方案。

在桥梁建造中，施工安全问题就是人身安全问题。而基于 BIM 技术，我们可以将项目的安全要素进行细化，拆分为桥梁施工阶段危险源感知与识别、危险防避决策制定、多维可视化安全交底与安全教育等模块，通过多维布局与信息化的结合，建立一套基于 BIM 技术的桥梁施工安全管理体系，为桥梁施工安全管理的实际操作提供一定的理论依据。

第四节　桥梁施工安全管理及评价系统

随着我国经济发展更为全面，如今建筑行业发展应用进入成熟期。想要实现桥梁施工安全管理工作的有效开展，就必须将评价系统纳入整个安全管理过程当中，通过采取有效防范措施，杜绝桥梁施工过程中出现的潜在安全隐患。本节拟从桥梁施工安全管理及评价系统开展的背景分析，结合分析当前桥梁施工安全管理及评价系统活动开展过程中存在的问题和不足，探究桥梁施工安全管理及评价系统开展的具体思路。

随着当前经济社会发展日益成熟，如今桥梁作为基础设施建设实现了系统化发展。而桥梁作为整个基础建设体系中的重要内容之一，其也在建筑活动成熟发展过程中实现了全面发展。但是在桥梁施工建设活动开展的活动中，各类建筑安全事故也在整个桥梁建筑活动系统化开展的同时频发严重。除了桥梁施工难度大，安全管理工作开展要求高外，当前整个桥梁安全施工过程中，未能将安全管理评价机制整体性纳入整个施工活动中，这是造成这一问题的主要原因。因此，想要实现桥梁施工安全管理工作的最佳效果，就必须变革现有安全管理机制。

一、桥梁施工安全管理及评价系统开展的背景分析

随着当前社会经济社会发展不断成熟，我国土木工程建设取得了全面发展。在这一过程中，桥梁工程作为基础设施建设，也取得了快速发展。而正是桥梁工程建设的大规模投入以及从业者的庞大规模，就使得缺乏对从业者实施必要的安全防护措施和完善的安全教育活动，因此而造成的安全事故现象非常严重。可以说，缺乏完善的安全管理机制和评价体系已经成为制约当前桥梁工程建设的主要障碍。桥梁工程作为整个土木工程建设中的重要组成部分，通过有效铺设桥梁，不仅能够满足交通需要，同时也会对河流、高山等天然障碍进行跨越与突破，其同时还是城市基础建设的主要内容。因此，在交通建设和城市基础建设日益成熟的今天，仍然极具现实意义。

除了桥梁工程建设的环境较为恶劣之外，当前，新材料和新工艺在整个桥梁施工过程中的应用，也加大了桥梁施工的安全风险，特别是当前桥梁建设过程中，其跨径进一步加大，使得我们必须结合当前桥梁安全建设的要求，系统化构建安全施工的管理机制和评价体系。当前桥梁工程安全管理工作在开展过程中，其更多地只是从施工过程中特定危险源或者有害因素角度切入的管理活动，因此，整个安全管理活动更多只是事后型管理，可以说这一被动管理模式与当前桥梁工程施工建设成熟发展现状之间有着重要的差距。因此，想要实现的桥梁工程施工安全管理的最佳效果，不仅需要从企业角度以及管理技术角度来切入。更重要的是将整个桥梁施工安全施工工作纳入系统化管理活动当中，即将桥梁工程安全综合评价也作为整个施工管理活动中的重要环节，通过提前判辨别施工过程中潜在的风险和潜在的危险因素，实现及早发现事故并且尝试提出解决的合理方法。可以说，就做好桥梁工程建设的安全管理工作，降低事故发生率，才能有效完成整个桥梁工程施工建设。

二、桥梁施工安全管理及评价系统活动开展中存在的问题和不足

在桥梁施工活动开展过程中，我们已经充分认识到施工安全管理活动开展的价值作用，并且针对其具体开展状况进行了一系列尝试和探索，但是其实际上仍然存在较大问题和不足，限制了整个桥梁施工建设活动开展的具体要求。尽管部分桥梁施工过程中注重开展安全管理，但是其更多地将安全管理与施工活动割裂开展，缺乏系统性。

造成施工安全事故的原因，除了新材料和技术的提升增加施工难度之外，还与缺乏合理有效的预防与控制机制有很大关系，当前在桥梁施工安全管理工作开展过程中，更多是从被动的视角来看开展和切入的。未能采取和制定良好完善的预防措施。尤其是在重点安全领域，缺乏对可控危险因素的系统化管理机制。在桥梁施工过程中，缺乏对施工人员采取必要的安全防护机制。

不仅如此，当前由于桥梁施工建设需求量不断加大，对工人的需求量也比较大，而为了如期完成工程建设，缺乏对熟练施工工人的应有培养。当然在这一过程中，工人的流动

性也比较大，其对安全工作开展的方法和理解较为匮乏。所以造成当前桥梁施工安全问题的主要原因之一还与工人的安全意识不足，以及未能将施工工人纳入安全管理工作体系当中有很大关联。最后，在桥梁建筑施工安全管理工作开展过程中，缺乏完善的安全管理机制，而在整个安全生产现场管理过程中，使用的方法也较为落后。

三、探究桥梁施工安全管理及评价系统开展的具体思路

通过对桥梁施工的具体案例进行系统化分析，在充分融入桥梁施工安全管理活动开展的价值认知基础上，才能为整个桥梁施工安全管理活动有效开展奠定相应基础，不仅如此，想要实现桥梁施工安全管理活动有效开展，还要注重评价系统的系统化构建。在系统化总结当前桥梁施工安全问题频发的问题点基础上，必然能够实现整个桥梁施工安全管理活动的最佳效果。

因此想要做好桥梁施工安全管理工作，就不需要从员工安全意识培养，安全技能提升和企业安全机制建设等多方面切入，通过构建完善的安全管理机制，实现桥梁施工安全管理工作。

在桥梁施工安全管理工作开展过程中，其首先要结合我国制定和出台的施工安全生产评价标准严格制定桥梁施工现场的安全评价机制，并且对具体现场给予量化考核。同时在这一过程中，及早地发现潜在的安全问题和隐患，针对薄弱环节，确定管理的重点和难点。通过完善预防机制和具体策略，实现桥梁施工安全管理工作有效开展。同时，还要注重创新安全施工技术，深层次地把握桥梁施工工作开展过程中的技术元素融入，通过构建完善的安全施工建设机制，实现桥梁施工的安全化与科学化。最后，还要积极注重对施工人员进行有效教育，提升其安全防范意识。

相对于其他建筑施工活动来说，桥梁建筑在施工过程中，具有工艺程序极为复杂、技术要求高、施工难度较大以及整体所处的施工现状条件较为薄弱等一系列不足，从而使得整个桥梁施工建设活动在开展过程中，难度加大，而且根据具体统计，当前桥梁施工已经成为事故的频发行业，因此做好施工安全管理工作，优化施工安全管理的评价机制显得极为必要。

第八章 桥梁工程施工成本管理

第一节 桥梁施工成本的精细化管理

桥梁施工的质量与效率代表了我国现代化建设的水平，同时，也直接影响着包括交通事业在内的各项经济建设发展的总体高度。随着桥梁工程在国民经济建设中的地位日益凸显，施工的过程管理就成了我们应该关注的重点问题。本节对当前时期桥梁施工成本管理的现状进行分析，结合桥梁施工的实际状况，谈谈如何实现桥梁施工成本精细化管理，从而提出若干可供参考的意见和建议。

桥梁项目施工是一项极具复杂性与系统性的体系化工程，项目施工周期长、涉及面广，在管理工作中可能引发的管理风险也颇多。尤其是在财务管理方面，成本管理一直是困扰桥梁施工管理的重点问题，同时也是亟待解决的棘手问题。桥梁施工成本管理的根本目的是减少成本支出、降低能源消耗，在尽可能确保施工质量的前提下最大限度地降低成本，实现桥梁施工的技术化、经济化。

一、桥梁施工成本管理现状

虽然近年来桥梁施工成本管理相较过去有了很大进步，无论是制度上还是人员素质上都已经具备了一定规范性与科学性。但是，当前的桥梁施工成本管理仍然面临着缺乏科学管理意识、管理工作不成体系、缺乏过程监督、无法实现管理目标有效落实等诸多问题。这些问题的存在不仅直接制约桥梁施工的经济性与质量，同时，也制约了整个交通事业的健康长久发展。

二、桥梁施工成本精细化管理措施及建议

本节对当前国内桥梁施工建设的成本管理工作现状进行了归纳分析，想要切实改变这一现状，全面推行成本精细化管理，就必须从问题入手，有的放矢的寻找解决措施。

（一）树立成本管理精细化的科学意识

管理意识直接决定着管理行为及后续成效，成本管理精细化的推行，首先要从意识上

将成本管理重视起来，还要加强对精细化管理理论及实践知识的学习掌握。这对于传统管理观念来说是一个极大地冲击和挑战，也是传统管理模式向着市场化经济转变的关键，对于项目责任人乃至整个企业领导层来说，加强成本管理精细化不仅是具体工作的改革与进步，更是整个公司在内部管理方面的意识形态转变。所以，切实树立成本管理精细化科学意识，不仅能够作用于具体项目的成本管理，更能够推动整个公司管理质量的提升。具体来说，首先，要切实学习成本管理相关理论；其次，加强对精细化管理在要求和关键点上的掌握；最后，结合项目情况，实现理论与实践的有机结合，避免照本宣科和形而上的管理偏差。

（二）确立成本管理精细化管理体系

现代管理工作不是只靠制度的推行就可以达成预期管理效果的，更多的时候我们需要建立网络化管理体系，其中包括了诸多方面的管理流程，将这些管理环节结合在一起才能够实现体系化管理的效果。对于桥梁施工成本精细化管理来说，应该分为以下几个部分。

1. 市场分析及综合评估

成本管理必须建立在综合评估和充分的市场分析基础之上，尤其对于需要耗费巨大的人力、物力、财力的桥梁施工项目来说，市场分析与综合评估就显得尤为重要。具体来说，主要是立足于项目需求，对整个施工项目所涉及的成本消耗、管理成本及其他生产要素及市场行情进行综合分析评估。分析的目的不仅要划出成本支出的合理化范围，也要兼顾施工项目的质量及效率，因此，分析与评估工作应该组织专门人员进行系统化学习。只有落实了分析与评估，才能够在后续的成本精细化具体管理工作中找到一个均衡人力、物力、财力的优质方案，让成本精细化管理能够切实发挥作用。

2. 项目分段招投标

桥梁施工是一个庞大且周期较长的系统建设工程，为了实现管理的精细化，使成本控制更具实效，应该推行项目分段招投标模式，可以将每一项成本支出都切实落到具体作业层面上，而将项目分段承包又能够将成本支出及财务管理风险有效地进行转嫁。招投标的过程应该公平、公开且透明，同时，针对不同项目段的不同施工特点与具体要求进行监督岗位以及与之挂钩的绩效考评体系设置，激发管理者与基层施工人员的工作积极性和主动性。

3. 严格把关采购

采购是否把关严格，对成本控制和精细化管理推行来说至关重要，直接的采购成本也在整个桥梁施工的成本支出中占据很大比重。所以，加强采购的把关力度及推行更科学和系统的管理手段是提升成本管理精细化的重要一步。桥梁施工涉及采购的项目很多，一般来说分为普通建材和机械设备、固定资产两个采购方向。普通建材及施工材料因为使用量大且具有较广的使用范围，所以，应该采用集中采购、科学分配的原则，降低采购单价并提高采购工作的效率，同时，还能够通过各部门、环节的资源申领情况进一步掌握和控制材料使用，加强成本的过程控制。机械设备采购属于大额成本支出且对于项目施工有全面影响，加之采购行为频率较低，因此，在机械设备及固定资产采购环节的把关上应该坚持采购招投标制度。首先，将投标供应商的信息进行整合分析，筛选出资质优、财务佳且历史经营成绩优秀的供应商备选，然后，结合施工项目具体情况进行供应商投标文书的对比分析，最后，由招投标管理小组集体讨论通过中标供应商，与其签订采购合同。招投标模式能够有效避免采购人员与供应商暗箱操作，提高采购的质量和效率，加大采购透明度。

4. 加强过程监督及实时考核

精细化管理不仅在于科学预测、事后严格分析、寻找错误，更重要的是在于在过程中进行有效且规范的监督和实时考核。桥梁施工成本管理在过程控制方面一直存在着不少的问题，这不仅是因为过程控制需要耗费更多的管理精力，同时，过程控制如果不能及时考核并进行修正与调整，难以将过程控制和监督的作用真正发挥出来。加强成本过程监督与考核、实现精细化管理，必须努力克服困难，将过程监控落到实处。具体来说，应该将成本管理目标分段分解，落实到每一个环节乃至每一道工序当中，这样，在过程监督考核时才能有具体的标准与方向。过程监督应推行24小时零时差监控模式，将成本数据及时收集并提交成本管理部门。考核则可按照需要以周考核、月考核或季度考核的模式进行，而对于某些特殊项目段，甚至可以将考核周期定为每日一考，确保管理的精细化和问题能被及时发现。分段监督考核不是人力、物力与财力的无端耗费，而是通过问题的及时发现，在问题变得更大之前及时止损，避免更大的财务风险和成本管理问题，同时，还能够从阶段性成本目标的及时纠正入手，适时调整整个项目的成本管理流程及目标，确保管理成效及最终结果。

三、加强风险防控及预警机制建设

风险防控和预警机制作为成本精细化管理的一部分，风控预警机制主要分为几个部分：首先，风控预警机制数据库建设，数据收集包括企业历史项目施工在成本管理方面的相关数据，尤其是管理问题及应对措施。此外，还包括同行业企业的成功案例与失败经验，这样能够确保数据库能够达到最大限度地完善与周全，以便能够在成本管理过程中及时发现问题和寻求解决办法。其次，风控预警应与过程监督相结合，对成本管理运行过程中收集到的数据按照安全、风险、预警三个级别进行划分。再按照不同等级采取相应措施，以避免风险隐患演变成实际风险。最后，风控预警机制还包括定期或不定期召开的风控分析例会制度，研究本阶段管理存在的问题，并为下一阶段的管理工作提供调整和改善的客观依据。分析例会应由财务管理和成本管理负责人、项目施工各部门负责人共同参与，这样能够让风控更具合理性与可操作性，避免闭门造车现象的发生。

四、加强精细化管理中的科技应用

现代化的管理工作必须有信息化、网络化管理手段为支撑，对于桥梁施工成本管理工作来说信息化是必不可少的。加强桥梁施工信息化管理手段应用，设备购置是必需的，但只有硬件设备并不能称之为信息化管理。对于桥梁施工来说，满足管理实际需要、提升管理质量的成本管理软件更加重要。笔者认为，定制软件从价格上和兼容性上弱于一般成品软件，但从功能实现上来说更能满足管理需要，但选择何种软件仍然要以管理工作的实际需要为考量标准。

第二节　桥梁施工物资成本核算管理

随着社会的不断高速发展，城市化建设也在不断加快，城市的规模也在不断地扩大，对于公路桥梁的重视程度也越来越加强。为了推动社会可以进行更好的发展，公路桥梁建设是必不可少的，只有公路桥梁得到了更好的建设，交通运输业才可以进行发展，所以，交通运输业的重点就是将公路桥梁建设好。而公路桥梁的建设还与人民群众的出行有关，好的公路桥梁建设，可以为群众提供安全便利的出行环境。公路桥梁在一定程度上还可以推动社会上的经济进行发展，可以拉动内需。在公路桥梁施工过程中，离不开物资，想要更好地对公路桥梁工程的施工成本进行控制，就需要在建设初期对物资进行有效的成本核算以及成本控制。本节就公路桥梁建设工程中的物资管理等方面进行了简单的介绍，对现阶段的物资管理进行了详细分析，提出了一些物资成本管理的建议。

随着全球一体化的逐渐发展，市场经济也在不断发展，作为交通运输中重点内容的公路桥梁也在被逐渐重视着，在建设公路桥梁时，市场也对相关的施工企业提出了更高的要求，希望企业在进行施工时既获得最大的利益还可以对自身的物资成本进行有效的管理。物资管理工作在施工企业发展阶段是一个十分重要的问题，施工企业想要提高自身的市场竞争力就要进行物资控制，利用较低的有效成本，获得利益的最大化。由此可以得知，对公路桥梁建设中施工企业进行物资控制，进行成本核算管理以及成本控制有着很重要的意义。

一、公路桥梁施工物资设备管理相关内容

在公路桥梁建设施工中，企业需要加强对物资设备的管理思想，明确好自身关于物资设备大概念，只有对物资进行有效的管理，才可以提升工程建设的整体质量。在公路桥梁建设工程中，物资主要指的就是在工程建设过程中所需要的生产资料以及生活资料等。对于物资进行有效的管理就是在物资的采购、运输、在公路桥梁建设中的所有资源进行合理

的分配使用，使其既可以保证工程的正常建设需求，同时还可以使资源得到充分的利用。物资管理工作在公里桥梁施工管理中是一个重要的组成部分，物资管理的好坏还直接地影响着企业的整体效益，其与企业的生产运营也有着很大的关系。公路桥梁施工设备主要是指在进行公路桥梁施工过程中使用的种种工具资源。设备管理主要是对这些设备采用合理的方式进行管理，在根据相关的标准和使用规范记录好设备的使用情况，对设备进行管理，可以更好地发现设备上出现的问题，并及时进行处理。在设备使用完成后，及时地对设备进行维修保养，保证设备的完整性，减少设备的损耗程度，利用设备建设出高质量、高标准的建设工程。所以不论是物资还是设备都应该制定相关的管理制度，让管理者在进行工程建设时可以最大化的进行资源合理配置，提高工程建设的质量，减少企业投入的成本，为企业长远发展做准备。

二、公路桥梁施工物资管理及成本核算现状

（一）物资成本核算

对于目前国家的公路桥梁工程建设现状来看，虽然很多的企业会进行施工物资核算，但都只是走一个过场，没有对其进行足够的重视，对于在核算中出现的问题并没有制定有效的、有针对性的解决方案，无法起到作用。而且，有些施工企业虽然进行了物资成本核算，但是没有相应的处理方法，导致对使用过多的物资无法进行有效统计、管理，更是在完工后无法对物资的使用进行总结，使得企业不能准确地对物资的使用和设备的损坏程度进行登记，不能更好地对企业的盈利情况进行分析。另外，在一些施工企业和建设单位在签订合同时，并未确定具体的条款内容，没有列出有关于物资的具体情况，影响了物资管理人员对于物资的统计。还有一些是定期进行物资管理，但是没有办法及时与设计量进行对比，不能准确地计算出物资的损耗程度以及制定相应的应对方案，这种情况也会加大企业在施工过程中对于成本的投入。

（二）物资成本控制

在公路桥梁建设施工中，施工企业往往会重视施工的进度，忽略施工过程中的管理，从而使工程的整体效率得到提高。这种管理方式不但让施工单位在工程上投入更多的成本，还会影响施工企业未来的发展。还有一些是施工企业的人员结构不科学，施工企业主要重视物资采买人员的管理，而忽视物资管理的责任，导致物资管理人员的成本核算能力差，严重影响物质管理工作的正常有序地开展。还有一些是企业的职位与人员定位设置的不合理，没有办法将物资成本管理更好地落实到实际的工作之中，导致相关人员不能根据物资的情况进行管理，不能制定科学有效的物资管理方案，严重地阻碍了企业的经济效益的提升。

三、公路桥梁施工物资成本控制

（一）增强控制意识

因为公路桥梁建设在施工中需要进行的控制工作范围很广，一些成本控制管理人员的管理意识不强。所以企业应该根据相关的具体情况，提高成本控制管理人员的成本控制意识，在工程施工开始的初期，就对工程进行整体的成本控制预算，在施工过程中再根据具体的施工情况进行登记，与最初的成本预算进行对比，如果有超出的部分，就根据具体的情况进行针对性的处理方法，在工程完工后，在与初期的预算进行对比，总结出具体的盈亏情况，再对具体情况进行分析、总结，为下一次的成本控制的工作提供经验，使企业的成本控制水平得到提高。

（二）做好规划工作

施工企业在进行物资管理工作前还要做好工程的策划工作，对需要的物资进行合理的预算，确定好物资的数量，减少物资的投入成本，尽量使用少的成本购买好质量的物资。对于在工程中需要的进行的物资发放和物资回收等问题，根据具体情况制定相应的管理制度，确保物资可以通过管理更好地使用到公路桥梁建设上面，在对具体的物资进行登记时，避免出现物资丢失的情况，使进货可以有所依据，减少浪费，滥用等问题的发生，实现对施工过程中的物资的充分利用和科学合理分配，为施工企业创造出更多的利益。所以，管理人员应该对物资的规划重视起来，充分了解物资规划管理的重要性。

（三）加大管理力度

在公路桥梁施工中，施工周期通常都是比较长的，所以物资消耗也是一个长时间的事情，管理人员就应该有足够的耐心，可以在工程施工初期到施工结束，都进行科学的管理工作，做好物资的进货、消耗、回收等工作，在管理人员进行登记管理时，施工人员也要积极地进行配合，对于物资的使用情况，以及设备的损耗情况如实的上报，如果管理人员发现了物资消耗不正确的问题，应该及时地找到相关的物资负责人，根据相关的管理制度对问题进行及时处理，避免出现更大的问题。所以管理人员在进行管理时，要严格按照管理制度来实施，对于管理的力度要加大，避免出现不必要的物资浪费，使企业在减少成本投入的同时，还可以获得更大的经济效益。

综上所述，在不久的将来，公路桥梁建设施工企业一定会有很激烈的市场竞争，企业想要保持自己的竞争能力，就应该在施工建设时减少相应的成本投入，但还要保持好完工后的公路桥梁质量，所以，对物资成本核算和成本控制是必要的，企业应该加强对物资的使用管理，制定相关的管理制度，培养相关的专业人才，在工程施工建设中做好管理工作，对于出现的问题不断总结，改进、研究，制定出合理的处理对策，推动企业可以进行可持续发展。

第三节　桥梁工程项目成本分析与核算

桥梁建设工程作为我国的基本建设项目中的一项，随着市场上的竞争性逐渐增加，其工程项目的成本分析与核算成了取得市场的关键因素。本节依据实际经验，针对桥梁项目建设中具体的分析及核算的管理措施和具体方法进一步地研究，节省整个建设过程的开支，提升公司的市场影响力。

由于建筑业市场竞争力的不断加大，建筑公司为了获得更大的市场，开始意识到桥梁工程项目前期的成本分析与核算的重要性。而对于桥梁的建设项目而言，成本核算和分析在整个桥梁的建设实施阶段都是极其关键的成分。其中合理有效的分析和核算管理方法也能起到降低生产成本的作用，降低工程中可能出现的风险，避免项目亏损金额过高、加强企业管理体制，给公司带来盈利。

一、桥梁建设中工程项目成本分析的影响与目的

对于桥梁建设实施过程中损耗的各类资源进行监管和控制。针对项目实施中产生的费用做出必要的成本分析与核算，目的是将整个项目的实施中的实际成本金额控制在合理的范围，避免给企业造成过多的亏损。

桥梁建设工程的成本分析与核算是针对施工中的每一部分所产生的资源消耗情况所占总体的比例，其中也包括每一项具体的管理步骤以及各项资金消耗和节约的数目。这些数据为项目指导人员进行成本分析和把控提供参考依据，同时也为公司项目成本的监督提供保障。

成本分析和核算是整个工程建设项目管理的基础部分，它的主要特点有全面性、动态性、连续性、系统性。其中，成本管理包括建筑公司建设过程中各部分成本核算、分析、控制和决策等合理管理制度。成本决策是把成本核算和成本分析设为参考依据，同时也作为自身成本控制的基本管理体系。

二、桥梁建设过程中的财经资源分析和核算

（一）桥梁工程项目的成本分析方法

桥梁建设项目中的成本分析方案采取了对比分析的基本法则，即从宏观过渡到微观，从表及里，从全面深入具体的一种方案措施。这种项目成本的分析结论由对比分析产生，且要从时间和施工部位两方面着手，使得分析数据更具有可靠性和可行性。除此之外，这种分析方法也需要掌握比较准则和比较内容这两项基本原则。比较内容应包括四项基本数据即预算中标数据、预算施工数据、成本计划数据、实际总成本数据。绘制各个阶段的成

本分析表，从费用实际产生方面来思考整体桥梁建设过程中可能得到的经济收益和实际成本之间的费用差额。对于产生的亏损费用，查找数目较大费用的亏损原因，避免将时间浪费在不必要的工作上。针对各项大额度亏损项做出具体价格分析。具体步骤是在保证时间和亏损产生部位一致的前提下，比较预算费用与实际费用之间是存在高于还是低于的关系。如果预算过低，思考采料、加工各环节是否存在问题，及时与甲方进行协商解决。假如依然存在亏损，就需要考虑可能是价差的问题，根据桥梁工程项目相关部门说明成本成因和差额影响，做出价差产生的具体分析。

（二）桥梁工程项目的成本核算方法

桥梁工程的成本核算中含有员工劳务费用核算、建筑材料费用核算、周转材料费用核算，其中员工劳务费用是在工程项目建设过程中产生的劳务、局工分包费和清工费的费用。建筑材料费用是指桥梁建设的施工阶段所产生的材料费用金额。若进行合理的材料费用的核算与管理，必须要建立完善的核算管理体系，并且结合实际工程的具体施工情况。除此之外，材料管理的相关部门应该采取定期盘点制度，该部门的相关人员可以以月作为一个单位进行库存的盘查，且能够及时地获得项目成本核算数据。而周转材料费用的核算，需要根据建筑材料的相关部门所提供的费用结算单，认真核实后计入材料费里面。然后，针对特殊的周转材料费用，以受益对象把摊销费计算到材料成本中。

三、桥梁建设中财经资源分析和核算的具体管理

（一）桥梁工程项目成本分析管理

1.对桥梁工程项目中的分析人员进行管理

在确定的桥梁建设项目施工阶段，项目分析人员应该做到认真负责，分工明确。在桥梁建设之前先提前对整个项目进行预算分析，避免发生无法找出项目成本亏损处。对分析人员进行集中培训，借此来提升分析人员的工作质量和基本职业道德规范。项目分析人员作为整个项目成本分析中的关键角色，其基本的职业道德水平的高低对整个项目最终的管理和实施起着决定性的影响。因此，通过采取学习和培训方法，并且提供一定的奖罚措施，在一定程度上起着积极性的作用。与此同时，还要定期向公司递交分析报告，便于公司能够在第一时间了解到工程项目实施过程中造成的损失。除此之外，各级员工积极沟通交流，避免发生内部不和谐，造成项目进度无法达标的现象。

2.桥梁建设工程项目成本分析材料的管理

在整个桥梁建设工程项目施工阶段，必须严格按照用料制度进行监督，从而避免产生资源浪费。在实际施工过程中，所购买的材料不是所需要的、所用的建筑材料丢失、材料供给量不足或充裕的现象时常发生。然而造成这一问题的最关键的因素在于项目成本监督管理的机制还不够完善，因此，在实际操作过程中，要同时将项目建设中的成本预算和成本核算考虑进来，以免造成由于某一项没有考虑清楚而导致无法对项目的整个建设过程起

到积极作用。

（二）桥梁工程项目成本核算管理

成本核算管理作为桥梁工程中的关键部分，是成本分析、成本控制、成本计划、成本考核的基础部分。因此，在实际工程建设管理中，应该提前做好相关的成本核算，否则可能导致后续工作无法正常进行。然而，项目成本核算管理要从体系出发，还需要由专门的核算员对各个部分的成本进行集中委派、监督。同时公司还应该定期为核算员进行集中地培训、考核。在施工作业前，项目负责人需要根据成本的控制计划，采取一些能够减少成本支出的方法，构思新的成本控制方法，确定成本能够降低的额度。这种措施能够使成本核算员在最大程度上使自身的利益与实际工程建设分离，建造一个合理的成本管理体系。在桥梁建设过程的资源管控体系中，通过作业成本法进行成本分析和计算审查能够提升经济资源整合的精确度，为项目管理和决策提供金额数据的确切信息，能够将实际的成本和期望成本进行比较分析，降低或者消除没有增值的作用，借此来增加建筑公司的取得的收益。具体实施过程为：

（1）对工程建设阶段的各个小部分逐一定义。

（2）通过对相关的施工组织提供的施工具体方案，对工程中的各项作业进行确定。

（3）对桥梁建设过程中的作业库采取资源整合的措施，关于简单的作业成本不用再专门具体分配，被多种产品消耗，然后通过资源动因分配比例来计算产品在作业库中占据的所得资源。

（4）选取动机，计算资源库中的金额分配比例，例如在资源材料中，动机可以作为材料数量而被选取。

（5）计算成本。通过对建筑材料单价和数目进行分析来得出各项消耗的金额数目。这种计算方法相对来说较为准确，能为项目产品单价的最终确立提供了参考。与此同时，还可以与目标成本之间形成对比，找出成本管理中存在的缺陷，为优化成本管理更好的合理性提出依据。

（6）在桥梁建设实施过程中，具体资源的审核成本含有劳务费用、建筑所需原料费、间接产生费用、直接产生费用五个部分。工程实施时所产生的施工费用，应该先将以上的几项费用进行分类，能够直接计算进核算对象的直接写入，不能写入的应该计算出实际成本。

对于整个桥梁建设工程施工阶段来说，成本的核算与分析是整个过程管理体系中的关键成分，是进行后续操作阶段的基础。开展桥梁工程项目需要我们提前做好项目分析和核算的准备。关于成本资源分析可由施工之前分析、施工时资源分析和施工结束时的分析三部分组成。成本核算的具体核算途径也有很多，例如较为典型的作业成本法，是应用相对比较广泛的一种核算方法。合理的资源分析与核算，有利于提升公司财经利益，同时起到降低风险的作用。因此，优化项目的成本分析和核算可以达到控制成本，提高效益的目的，同时还可以为项目的质量监督提供基础保证。

第四节 道路桥梁工程施工成本管控

随着我国社会经济的不断发展及科技水平的不断提升，推动了现代化城市建设进程，当前社会对道路桥梁建筑工程的需求逐渐增多，对相应的施工质量要求也越来越高。施工企业在施工过程中的施工管理以及成本控制工作也成了企业所面临的重要问题。成本管理工作对桥梁工程的整体质量有着重要的影响，有效的成本控制可以提升建筑企业的经济效益。基于此，本节简要分析了道路桥梁工程施工成本管控工作存在的不足之处，并针对这些问题提出相应的解决措施。

社会经济及科技水平的迅速发展推动建筑行业的不断前进，社会对路桥工程的质量要求也越来越高，各路桥施工企业只有不断做好施工工程的成本管控工作，才能有效地提升自身竞争力，稳固发展地位，在激烈的市场竞争中占据制高点，推动企业的经济的平稳健康发展。

一、当前道路桥梁施工过程中成本管控工作存在的不足之处

结合当前我国大部分企业的道路桥梁工程管控工作的开展情况来看，仍然存在较多不足之处，主要体现在企业领导人员对该项工作重视度较低、成本管控机制不完善、监督工作不到位，以及项目工作人员专业知识及技能水平较低，缺乏专业的工作团队等方面，严重阻碍了道路桥梁工程施工成本管控工作质量与水平提升，不利于企业经济效益的提升。

（一）企业领导人员对该方面工作重视程度较低

对于整个企业的发展来说，进行科学合理的成本控制会更好地保障企业的经济发展，使之能够得到更好的收益。根据目前我国在道路桥梁工程施工成本控制的具体条件来讲，尽管有一部分企业已经能够更好地解决这些问题了，但是却忽略了整个工程的发展对于质量的需求，常常为了能够更好地降低成本，导致无法保障整个工程的施工时的质量，影响了整个工程的发展。该做法不仅严重影响了建筑工程企业经济的发展，也对整个企业日后的长久发展带来了严重的阻碍，进而从根本上对整个企业的发展产生了严重的破坏。建筑工程施工总质量是对日后道路桥梁施工形式以及安全出行的一个很重要的关键点，相关的协议的人员一定要加强这方面的重视，使得整个施工的程序能够更加符合标准和规章制度，严格按照一定的程序进行工作，避免出现问题。将整个工程施工的成本控制到极限，也会使得整个内部人员形成一种非常强烈的控制观念，使整个企业发展变得更好。企业相关领导人员只有从意识上引起足够的重视，才能进一步体现在行动上，而且只有领导人员对此方面的管理控制工作引起重视，才能将该思想理念传递给企业的各部门工作人员，从而带

动企业各部门的全体工作人员引起对企业的施工成本方面的管理与控制工作提升重视度，不断催促施工工作人员，在具体事务过程中本着严谨认真的态度进行施工工作，为企业的施工成本管理工作的质量水平的提升贡献自己的力量。

（二）管控机制体系不完善，监督工作不到位

影响道路桥梁工程施工成本管控的另一因素是成本管控体系不健全、制度不完善，以及现场成本意识淡薄，相应的监督工作不到位。路桥工程的施工较为复杂，而且难度较高，在具体施工过程中若未建立相关的规章制度来约束项目成本，未编制阶段成本计划，就会导致管控体制的缺失。在这种情况下，对现场施工成本的管控工作的监督力度就会进一步弱化，施工人员的成本意识也会进一步降低，使得在具体的成本管控工作时，部分工作人员存在违法、违规现象，导致企业经济效益无法有效提升，在施工成本的投入方面花费较大的资金却没有得到预期的成果。

（三）工作人员专业知识及技能水平较低，缺乏专业的工作团队

道路桥梁工程施工成本管控工作人员的专业知识及技能水平对整个管控的质量起着至关重要的作用。结合当前各企业对成本管控工作人员的挑选情况来看，由于企业降低了在人员方面的资金投入，导致相关人才选拔工作存在不到位的情形，甚至只是选择了一些刚刚达标的工作人员进行成本管控工作，这就使得此方面的工作人员总体上处于一个管控技能水平较低的状态，缺乏专业的工作团队。由于此方面工作人员的专业知识及技能水平较低，在进行成本管控工作时，就无法有效针对企业的实际状况来制定科学合理的成本管控方式方法，推进整个管控工作质量与水平的提升。由于缺乏专业的知识，对整个管控工作也不能够随着时代发展变化进行相应的改革，使得企业的管控工作存在滞后性，无法满足时代的发展需求。

二、道路桥梁施工过程中成本管控问题的解决措施

具体工程的施工企业在施工时要保证对整个成本控制更加合理和工程的安全使用，在保障整个施工的基础上不断提升自身发展的效益。这就需要企业明确具体施工成本、工程发展之间的利害关系，并且能够更好地对其进行处理。企业一定要转变自身传统的发展观念，并且对成本的控制进行全面的提升和把握，保障管理工作的有序进行。除此之外，企业需要加强对工程质量的监督管理水平，对成本环节进行更好地控制，对相应的技术和材料进行严格的把控，保障整个工程的发展能够符合管理的要求。鉴于此，本节从转变发展观念，培养对成本管控工作的重视意识，健全完善管理机制体系，加大对该工作的监管力度，以及提升工作人员的综合素质及技能水平，建设专业的工作团队等方面，全面阐述当前时期做好道路桥梁工程施工成本管控工作的方法措施。

（一）转变发展观念，培养对成本管控工作的重视意识

首先，企业要加强对传统观念的改变，培养更加先进的成本管控的意识，加强对整个成本管控的重视程度。随着目前科学技术的发展以及先进的思想潮流的不断引入，企业需要加强对先进思想观念的学习和掌握，并且能够将之真正地应用到成本管控的工作之中。除此之外，虽然传统的观念与目前时代的发展已经变得格格不入，且很难再适应目前时代发展的需求，但传统的观念仍然存在一些经验和优势，在工作中，企业需要取其精华，去其糟粕。另外，在意识培养过程中，需要对整个管理模式进行严格把控，并对具体的发展情况进行详细的分析和研究，以便更好地根据这方面的问题提出更加全面的解决方案，真正转变发展的观念。只有首先培养对成本管控工作的重视意识，才能进一步提高日后道路桥梁工程施工的质量和水平，为我国建筑行业的发展提供更好的参考和借鉴。

（二）完善管理与控制机制体系，加大监管力度

针对目前成本管控工作中相关知识体系不够健全与完善的问题，企业需要对此引起足够的重视，与此同时，也要加大工作的监管力度以保障成本管控工作质量与水平的提升。首先，在施工前期编制阶段成本计划，确定标后预算，在施工过程中按月进行经济活动分析，对标进行分析检查是否存在偏差，明确成本管控工作的流程，建立成本控制体系，提高施工企业项目全体人员的成本意识，管控现场的同时也要关注施工成本。其次，要健全惩戒机制，对成本管控工作中存在违法、违规行为的工作人员给予严厉的惩处，给其他工作人员警醒作用，以此种形式来降低成本管控工作问题发生的频率。通过加强成本管控教育培训，使得相应人员在成本管控工作中得到一定的约束与规范，使其在拥有成本管控工作相关权利的同时，也积极承担起自己的责任。再次，企业也可以建立专门的成本管控监管部门，通过建立监管小组采用定期或不定期形式对管控工作进行突击检查，及时发现管控工作中存在的不足之处，积极采取相应的解决措施将问题解决，不断地提升成本管控工作的质量与水平。最后，企业在进行相关成本管理工作过程中，对工程的质量以及施工周期两方面的相关成本的管理控制工作也要引起足够的重视，要从施工过程中所需要的建筑材料以及各类技术和相关设备的购进方面来进行更加科学合理的计算，降低企业在这方面的成本投入，在保证整个工程施工质量提升的同时，增加企业的经济效益。

（三）提升工作人员的综合素质及技能水平，建设专业的工作团队

企业需要提升工作人员综合素质及技能水平，建设专业的成本管控工作团队。拥有专业性强、技术水平高的成本管控工作队伍，对整个成本管控工作质量及效率的提升可以起到事半功倍的作用，所以，企业必须对人员的培养与引进引起足够的重视。首先，企业需要加强对工作人员的理论培训，使其进一步了解成本管控的方法以及当前企业成本管理工作的开展现状。在此基础上，加大实践培训力度，推动工作人员将理论知识与实际发展情况相融合，创设出符合企业经营状况的成本管理与控制方案。其次，企业要加强与科研院校之间的交流与合作，通过与高等院校之间的交流与合作，可以为成本管控工作团队的扩

建注入新鲜的血液，提供人才保障，引进更加优秀的专业型人才。最后，企业也可以通过建立奖惩制的形式来激发工作人员，不断完善自身素质，提高技能水平的积极性，例如对表现良好、工作优异的成本管控工作人员给予一定的物质或精神奖励。当前，各建筑企业处于激烈的市场竞争中，企业之间的竞争主要体现在人才方面，各建筑施工企业必须重视工作人员的综合素质及技能水平提升工作。培养专业性强、技术水平高的工作人员对整个施工成本管控工作质量水平的提升起着事半功倍的作用。企业对工作人员综合素质及技能水平的提升以及这方面工作人才的培养与引进应引起足够的重视。

总而言之，要想进一步提升道路桥梁施工工程的成本管控的质量与水平，相关施工企业就要转变发展观念，对成本管控工作引起足够的重视。与此同时，要健全完善管理与控制机制体系，加强对该工作的监管工作力度，提升工作人员的综合素质及技能水平，不断建设专业的工作团队。通过上述措施的有效施行来提升施工成本管控工作的质量与水平，增加企业经济效益，推动施工企业推动建筑企业经济的可持续稳定发展。

第五节　桥梁工程成本的合理有效控制

桥梁工程建设过程中，将会涉及方方面面的环节，因此，在保证施工质量的同时，对工程项目的成本实现良好的控制，是一项极为烦琐的工作，也是一项难度较高的工作。它涵盖着建设项目投资决策阶段、设计阶段以及施工阶段的各环节的成本控制，在这过程中，很容易出现成本控制上的偏差。本节阐述了影响桥梁项目施工成本管理的因素，提出了切实的施工成本控制措施。

建设项目的施工成本控制，首先应从工程投标报价开始，并一直持续到项目竣工为止，这是对过程成本的控制。在工程实践中，我们不能忽视对招投标阶段和竣工结算阶段的成本控制，最大化地利用全寿命周期，结合价值工程原理来进行工程成本控制，这是最好的方式。然而，建设项目本身复杂、多样，并且受到很多外界因素的影响，如气象、社会因素、安全等，这时候就需要我们结合实际，因地制定相应的措施，才能取得最好的效果，为企业赢取得理想的利润值。

一、工程施工成本控制重要作用

施工企业要想在激烈的市场竞争中站稳脚跟，就一定要重视成本控制的工作。而在成本控制的过程中，需要始终根据成本计划内容进行管理，进而减少工程造价，使得施工企业的经济效益得以提升。然而，大部分施工企业虽意识到成本控制的重要作用，但是受到各种因素的影响，难以严格贯彻落实成本控制工作，所以，成本控制工作被弱化，甚至仅仅处于形式层面，工程成本不断增加，导致施工企业生产利润降低，影响其进一步发展。

如果企业想获得理想的企业利润，就必须要不断地提高自身的成本控制能力，科学合理地开展工程成本控制管理工作。

二、桥梁工程成本合理有效控制的策略

（一）事前预控

工程经济部门应组织分析清单项目单价的盈亏，以指导变更及成本管控方向；做好成本测算，制定成本控制目标，进行成本管理策划。

（二）过程控制

严格执行各项成本管理制度，做好工料机费过程控制，推广先进成本管理经验和方法。

（三）工程数量管理

技术部门应建立工程数量总控台账和分部分项工程明细台账，作为审核项目分包数量和测算责任成本的依据。分包结算工程数量必须经现场收方确定，严格控制在工程数量总控台账以内。变更设计、新增工程导致工程数量变化，要及时更新工程数量台账，比照合同内主体工程数量管理。

（四）物资管理

加强材料现场管理，建立物资计划，做好质量检验、验收入库、出库使用、限额发料、物资消耗、盘点核算、余料回收及废旧物资处置等环节。按要求对工地废旧物资、剩余物资进行清点登记、估值并提出处置意见。

（五）机械设备管理

加强对机械设备进出场登记、维护、保养和定期检查，提高机械设备的完好率和利用率；建立健全自有机械设备和租赁机械设备的管理台账和工作记录，定期进行单机单车核算，规范台班签认程序，降低燃料、电费和维修费，有效控制机械设备费用支出；根据现场实际情况，及时地进行机械设备清退，严禁机械设备闲置；租赁机械设备优先采用工程量计租方式，其次按月或台班计租。

（六）收尾管理

应加强收尾管理，跟踪落实概算清理、竣工清算等工作，最大限度地减少成本。

（七）加强对管理人员专业素质的培养

在进行桥梁施工的过程中，很多企业在实行项目成本管理时，都会受到不同程度的因素制约。比如，施工管理人员成本管理意识不强，企业想提升自身的效益，严格把控工程施工成本，就要加强这些人员的成本控制意识，进而提升桥梁工程施工成本的控制效率。施工管理人员应当通过参加定期培训的方式，加强他们的成本意识。与此同时，还要想方设法调动员工的参与成本管理的积极性，最终提升企业的成本控制效率。

（八）加强施工风险成本控制

桥梁工程施工过程中会遇到各种风险，包括技术、价格、法律、竞争等各个方面，若无法通过正确的手段来进行风险管理，很容易导致成本得到不控制。因此笔者认为必须针对这些风险建立全面的风险管理体系，首先要根据施工项目的总目标来确定相应的成本控制计划及方案，并完善风险控制企业组织架构，以便形成专业的风险应对系统；最后应成立健全的成本风险管理制度及程序，一是从市场、信用及财务几个层次来完善风险管理工作；再次是需要从国外引进科学有效地风险管理系统及现代化风险预测及分析技术，进一步实现对风险的识别及测量。

总而言之，由于市场经济的不断发展与进步，施工企业越发重视桥梁工程成本控制。如何在确保工程质量的基础上有效地控制项目的施工成本已成为当前施工单位稳定、可持续发展的重要因素。同时在桥梁工程施工过程中，企业也应在人工、材料、设备维护等方面的支出费用进行控制，做好项目后期的结算与审核工作，尽可能地降低工程施工成本，提高效益。

第九章　道路桥梁施工管理

第一节　道路桥梁施工管理的问题及解决措施

道路桥梁建设在一定程度上影响着区域经济的发展，改变着人们的生活方式，提升人们的生活品质。但目前各种道路桥梁施工事故频发，这就需要完善道路桥梁施工管理，因此，本节分析道路桥梁施工管理的作用，分析道路桥梁施工管理所存在的问题，并提出相应的解决措施，以提升道路桥梁施工管理施工管理水平。

一、道路桥梁施工管理中存在的问题

（一）施工管理意识薄弱，施工管理流于形式

在道路桥梁施工过程中，很多施工工地管理人员都缺乏一定的施工管理意识，具体表现就在于施工管理人员对物料管理、工程质量、工程安全及进度缺乏一定的重视，导致在施工过程中出现种种的纰漏，不利于道路桥梁施工建设的安全性及其质量，不利于工程进度的掌控。其次，道路桥梁施工管理制度建设不完善，其中主要包括施工管理人员配备不符合工程实际情况，施工管理人员在具体的工作中存在着权责不分的情况，从而导致施工人员在施工过程中没有切实的履行职责，使道路桥梁施工管理过程遭遇重重波折。

（二）混凝土及钢筋等施工材料问题，施工材料管理不合格

为了追求经济利益最大化，很多道路桥梁施工管理人员在施工材料采购之上倾向于采购较为低廉的施工材料，同时有些施工人员对原材料的保养维护及其配比之上存在着问题，导致施工材料成为造成施工安全隐患的因素之一。其中混凝土所造成的裂缝问题，及钢筋材料造成的腐蚀问题，在施工材料中最为突出。首先是混凝土，由于混凝土本身问题，导致混凝土产生水化反应，再加上内外温差较大，致使道路桥梁出现裂缝问题；此外由于施工人员在进行混凝土配比之时，没有依据道路桥梁施工工程实际情况进行配比，而单纯地依靠经验来操作，致使道路桥梁出现裂缝问题。其次是钢筋，除了采购人员采购较为劣质的钢筋材料导致腐蚀之外，很多施工队伍在采购完钢筋之后没有对钢筋材料进行防腐蚀保护，从而在遭受雨雪天气时，钢筋材料较容易出现腐蚀情况，影响钢筋寿命。

（三）施工过程安全性问题，且存在施工进度质量问题

在道路桥梁施工过程中，由于施工管理者安全意识薄弱，再加上现场施工人员众多，如果没有一套完善的人员管理措施，势必会造成施工现场的混乱，影响施工顺利开展，严重地还会造成安全事故，因而施工现场安全管理十分重要。

二、道路桥梁施工管理中存在的问题的解决措施

（一）强化施工管理意识，建立完善的道路桥梁施工管理制度

目前在很多道路桥梁施工队伍管理者，其施工管理意识不强，施工管理流于形式，这就为诸多道路桥梁施工埋下了隐患，使施工不能顺利进行，严重影响工程质量及工期进度。因而作为施工队伍管理者，应提升施工管理意识，应在物料采购及管理、工程质量、工程安全及进度之上多下功夫，从而使物料采购符合要求、保证工程安全、保障工程质量及进度。除此之外，还需要建立完善的道路桥梁施工管理制度，也就是需要完善工地人员设置，合理划分工地各部分权责，建立奖惩机制及激励机制，以提升各部门人员责任意识，提高工地人员工作积极性，促进施工顺利进行。

（二）落实采购环节规范性，加强施工材料管理

混凝土及钢筋是道路桥梁施工中的重要建筑材料，一旦混凝土及钢筋材料出现问题，就会影响整体的道路桥梁工程质量。而目前很多道路桥梁出现裂缝问题或结构性差的问题，都与这两样建筑材料息息相关，而造成工程质量问题的原因，一是在于采购价钱较为低廉的施工材料，二是在于施工人员管理维护及配比操作等方面经验缺失，因而为了避免因为施工材料问题造成的工程质量问题，就需要从以下几方面入手，即：加强施工材料采购环节的规范性，在注重施工材料质量的前提下保证施工材料价格低廉，落实施工材料成本管理，保证施工材料性价比；加强施工材料的维护工作，比如钢筋材料，需要做好防腐蚀工作，避免出现由于管理维护不当而造成的原材料质量下降；在配比混凝土等原材料时，不能一味地按照经验进行配比，还需要考虑到道路桥梁工程的差异性以及天气及环境的差异性，结合各个工序对混凝土的要求，同时还需要完善混凝土搅拌技术，使混凝土配比更为科学合理，避免出现裂缝现象。

（三）重视施工过程的安全管理，加强施工质量管理及进度管理

道路桥梁施工现场人员过于复杂，必须注重施工现场的安全管理，比如定期在施工现场开展安全培训讲座，在施工现场设置安全警示标志等。这是由于科学的人员管理有助于使工程顺利进行，有助于提升工程整体进度，有助于避免意外事故，有助于保障人员安全。除此之外，施工质量管理及安全管理也尤为重要。落实施工质量管理，就需要选择合适的施工方法及施工工艺，确保施工的经济性及适用性；在施工过程中，应注重结合施工实际情况对施工工艺进行合理科学的调整，以确保顺利施工，保证工程质量；同样在施工过程

中，如果发现质量问题，应考量问题出现的原因，然后制定具体的修复方案。落实施工进度管理，就需要在施工之前制定完善的施工进度纲领，在施工过程中严格按照施工进度纲领进行操作。

道路桥梁施工过程过于复杂，这就需要完善的施工管理，保障其施工质量，这是由于完善的道路桥梁施工管理，关系着整个道路桥梁建设质量，关系着道路桥梁的安全性及稳定性。因而本节对当下道路桥梁施工管理所存在的问题进行分析，并提出改善建议，从而确保施工过程的顺利进行。

第二节　道路桥梁施工管理养护对策探究

道路桥梁工程对我国的经济建设具有积极的促进意义，尤其是在当前的时代背景下，我国城市化进程加快，道路桥梁工程数量增多，需要加强重视力度，才能促使行业稳定发展。

一、道路桥梁施工管理养护的重要性

道路桥梁施工管理与养护属于一项长期的工作，其主要的工作目标是提升桥梁工程的质量，通过合理的养护消除其安全隐患，并解决存在的问题，延长道路桥梁的使用寿命，提升工程经济性，满足当前时代发展需求。受道路桥梁自身的性质影响，其结构较为特殊，需要长期承受负荷压力，因此导致其局部设施容易出现损伤，此时其损伤对道路桥梁质量产生的影响较小，但需要及时进行处理，以避免其损伤逐渐扩大，最终造成道路桥梁结构损坏，形成安全事故，道路桥梁施工对于我国交通运输行业发展影响较大，同时也是当前建筑行业的重点内容，工作人员在日常工作过程中，应及时对道路桥梁病害问题进行诊断，及时采取有效的措施进行维护，以延长道路桥梁使用年限寿命，提升工程经济效益。与此同时，合理进行道路桥梁施工管理养护，还有助于降低道路桥梁安全事故的发生概率，消除道路桥梁自身质量对行车产生的负面影响，道路辙痕、桥头跳桥现象等，均可能造成严重的安全事故，因此，必须加强道路桥梁施工管理养护，消除其存在的风险，保证道路桥梁的耐久性与安全性提升，为人们提供优质的出行服务。

二、道路桥梁施工管理养护的特点

在道路桥梁施工管理过程中，由于其自身的性质较为特殊，要求工作人员严格按照当前的施工标准进行把管理，保证施工技术的安全合理，从整体上进行完善，以提升道路桥梁工程质量。在进行道路桥梁养护过程中，其自身具有一定的强制性，需要定期进行检查与养护，以保证道路桥梁安全隐患与问题得到及时的解决，消除外界因素产生的影响，为人们提供优质服务。道路桥梁施工管理与养护涉及的内容较多，范围较广，不仅包括日常的道路桥梁养护与修复，还包括当前的环保设施管理与生活服务等工作，从整体上提升道路桥梁质量。与此同时，道路桥梁施工管理养护方式呈现出明显的主动性与时效性，需要在操作过程中遵循相关的原则，建立规范的管理养护流程，以保证其技术具有较强的专业性，灵活应用现有的新工艺与新材料优势，延长道路桥梁的使用寿命，加快城市化进程。

三、道路桥梁施工管理养护的有效策略

（一）积极提升道路桥梁养护工作人员的综合素养

根据当前我国道路桥梁施工管理现状，应积极建立高素质道路桥梁施工管理养护队伍，设置完善的养护机构，充分发挥出人才的优势，定期进行道路桥梁检验，制定完善的养护管理计划，以满足当前发展需求。例如，现阶段我国对道路桥梁施工养护队伍建设重视力度不足，部分工作人员专业水平素养较低，难以实现高质量的道路桥梁养护，因此，应积极进行培训，定期开展相关的基础知识课程，促使工作人员通过培训提升自身的综合水平能力，加强对道路桥梁施工管理养护的认知，充分发挥出自身的作用，灵活应用先进的方法与理念，及时处理道路桥梁中存在的问题，积极开展日常的维护工作，保证道路桥梁质量，为人们提供优质的服务。与此同时，还应积极引进先进的技术人才，通过人才带动技术创新，发挥出新技术优势进行道路桥梁养护管理，从整体上提升工作质量，满足当前的需求。

（二）积极落实道路桥梁施工管理养护工作避免形式化

现阶段，我国部分地区在进行道路桥梁施工管理养护过程中，存在明显的形式化情况，其工作落实不足，导致道路桥梁中经常发生安全风险，甚至部分道路桥梁问题原本对道路桥梁质量影响较小，但由于长期未能进行及时有效的处理，导致其问题进一步扩大，造成不良的影响，最终形成较为严重的安全问题。因此，应积极落实道路桥梁施工管理养护工作，制定完善的养护检查计划，及时发现道路桥梁中存在的微小病害，采取有效的措施进行处理，将安全风险消除在萌芽中，以保证道路桥梁整体质量。相关部门应加强监督，与工程单位、技术部以及监理单位进行合作，实联合处理，从整体上进行工作落实，满足当前的需求。加强资金的投入力度，从整体上进行养护，定期进行道路桥梁加固、维修与养护，并预留充足的资金进行修缮，为我国的道路桥梁工程发展奠定良好的基础。

（三）建立完善的道路桥梁养护档案并积极进行加固维修

道路桥梁施工管理养护属于一项长期的工程，因此，工作人员应建立完善的养护档案，针对其道路桥梁存在的问题进行详细的记录，并进行合理的保存，为以后的道路桥梁施工管理养护提供精确的数据资料，以满足时代发展需求。制定完善的安全问题应急方案，加强对道路桥梁施工管理，并保证各个环节安全，选择合理的方式施工，从根本上杜绝施工安全隐患对工程质量产生影响，提升管理质量。与此同时，积极对现有的道路桥梁进行加固维修，如加固混凝土墩台、加固混凝土结构、加固桥基础、加固桥面铺装层等，采取有效的措施进行处理，并消除道路中存在的裂缝，灵活应用新材料与新工艺进行处理，避免小病害变为大病害，其提升道路桥梁质量。

综上所述，在当前的时代背景下，我国应加强对道路桥梁施工管理养护的重视力度，从整体上进行完善，制定合理的养护管理制度，定期进行道路桥梁质量检查，针对现有的病害应积极进行处理，避免其扩大影响。培养高素质人才，积极加大养护资金的投入力度，充分发挥人才优势，以确保道路桥梁质量性能符合运行标准。

第三节　道路桥梁施工管理中裂缝的处理

针对道路桥梁施工管理中裂缝处理现状进行有效分析，结合道路桥梁工程实例，详细介绍妥善处理道路桥梁施工管理中裂缝的重要性、道路桥梁施工管理中裂缝产生原因，提出道路桥梁施工管理中裂缝处理措施，希望能够给相关工作人员提供一定的借鉴。

近几年，伴随我国道路桥梁工程建设数量的不断增多，道路桥梁施工管理中的裂缝处理问题越来越突出，为了保证道路桥梁中的裂缝得到更好的处理，延长道路桥梁的使用寿命，工程中的施工管理人员要结合道路桥梁裂缝特点，不断引进先进的裂缝处理方法进行处理，进一步提升道路桥梁结构的稳定性与安全性，防止道路桥梁工程出现结构失稳现象。鉴于此，本节主要分析道路桥梁施工管理中的裂缝处理要点。

一、妥善处理道路桥梁施工管理中裂缝的重要性

在道路桥梁施工管理过程中，通过妥善处理裂缝，保证道路车辆能够更加安全地运行，减少道路交通安全事故的发生。为了保证道路桥梁施工管理中的裂缝得到有效处理，施工管理人员需要结合道路桥梁结构特点，合理控制交通荷载，在保证道路车辆稳定运行的基础之上，减少裂缝的出现。由于我国道路桥梁工程的建设规模比较大，在一定程度上增加了施工管理难度，因此，工程中的施工管理人员要充分认识施工裂缝对道路桥梁的危害，对原有的裂缝处理方案进行优化，进一步提升道路桥梁结构的可靠性，满足人们的出行需求。

除此之外，通过妥善处理道路桥梁施工管理裂缝，能够有效地降低道路桥梁工程施工风险的发生概率，保障施工人员的人身安全。在道路桥梁施工管理过程中，由于施工方法不合理，道路桥梁表面很容易出现较大裂缝，降低道路桥梁结构的承载能力，影响道路车辆的正常运行。通过对道路桥梁施工管理裂缝进行妥善修复，能够有效地减少道路交通安全事故的发生，保证道路车辆能够安全运行，提升道路桥梁工程的总体效益。

二、道路桥梁施工管理中裂缝产生原因

（一）道路桥梁载重较大

如果道路桥梁的载重过大，不仅会降低道路桥梁结构的可靠性，而且很容易引发严重的裂缝，影响道路车辆的安全行驶。在道路桥梁工程当中，由于工程的建设施工规模比较大，需要的施工材料较多，施工管理难度大，如果施工现场中的施工材料堆积过多，道路桥梁工程很容易出现载重较大现象，从而产生较大的结构裂缝，影响道路桥梁施工管理工作的顺利进行。另外，在道路桥梁施工过程中，如果施工设备载重较大，会引发严重的结构裂缝。为了有效地减少道路桥梁施工管理裂缝的出现，工程中的施工管理人员要严格控制路面载重，做好施工现场材料布局工作，预防施工管理裂缝的产生。

（二）施工现场管理体系不完善

如果道路桥梁施工现场中的管理体系存在较多缺陷，施工人员经常踩踏各项施工设备，道路桥梁很容易出现负荷裂缝，降低道路桥梁结构的安全性。因此，想要有效地减少道路桥梁施工管理裂缝的出现，工程中的施工管理人员应对原有的管理体系进行完善并结合各项施工材料的使用情况，做好施工现场材料布局工作，保证道路桥梁工程施工现场各项材料得到高效应用。例如，在某道路桥梁工程当中，施工管理人员通过对原有的施工管理体系进行改进，认真检查混凝土、钢筋等施工材料强度，能够有效地减少施工管理裂缝的产生。

（三）施工人员的安全意识较差

由于道路桥梁工程中的施工人员安全意识比较薄弱，会影响道路桥梁工程的整体施工质量，降低工程经济效益。由于道路桥梁工程的施工规模不断扩大，施工现场的施工人员数量较多，使得施工管理难度不断加大，再加上部分施工人员的安全意识较差，会降低各项施工材料的使用率，延长工程整体施工周期。为了保证道路桥梁工程中的施工管理裂缝得到妥善处理，施工管理人员要定期对施工人员进行安全培训，减少施工管理裂缝的出现，提升道路桥梁工程的施工质量。

三、道路桥梁施工管理中裂缝处理措施

（一）工程概况

某道路桥梁工程全长为500m，工程结构比较复杂。由于该道路桥梁工程施工规模较大，增加了工程的施工管理难度，为了有效减少施工管理裂缝的出现，施工人员要运用合理的裂缝预防措施，结合道路桥梁结构特点，不断地引进先进的施工工艺，保证道路桥梁工程结构更加可靠。

（二）裂缝预防措施

道路桥梁施工管理裂缝预防措施如下：

第一，对道路桥梁工程中的结构负荷进行规范设计与管理，并结合道路桥梁的承载能力，选择相应的施工材料，保证道路桥梁施工负荷得到更好地控制，减少施工管理裂缝的出现。在道路桥梁施工管理过程中，管理人员要结合荷载的布局情况，将荷载进行合理的分配，有效避免超负荷现象的发生，减少负荷裂缝的出现。由于该道路桥梁工程结构比较复杂，在进行结构负荷管理时，管理人员要结合道路桥梁施工进度，适当引进先进的施工工艺，为施工人员提供良好的技术支持，有效提升道路桥梁的承载能力，减少负荷裂缝的产生。

第二，严格控制道路桥梁施工材料，如果道路桥梁工程中的混凝土、水泥等施工材料管理不到位，在施工的过程中，很容易出现热胀冷缩的现象，引发严重的温度裂缝，降低道路桥梁工程结构的稳定性。因此，工程中的施工管理人员要严格控制各项施工材料质量，并做好相应的筛分工作，进一步提升道路桥梁工程的施工强度。

第三，道路桥梁工程中的施工管理人员要适当加大施工环境管理力度，根据相关研究表明，通过对道路桥梁施工环境进行有效的管理，可以预防施工管理裂缝的产生。在道路桥梁施工过程当中，施工管理人员要对施工现场环境进行科学管理，允许施工人员在高温环境下向混凝土中加水，保证混凝土中的水分得到有效补充，减小外界环境条件对工程施工质量的影响，避免道路桥梁表面出现较大裂缝。

（三）裂缝修复措施

通过对道路桥梁裂缝进行有效修复，能够更好地提升道路桥梁结构的完整性，保证道路桥梁能够更好地投入使用。道路桥梁裂缝修复措施如下：

第一，合理应用内部灌浆法，对道路桥梁裂缝进行修复。施工管理人员在实际工作中，一旦发现裂缝，可以安排施工人员在裂缝内部灌入一定量的水泥砂浆，对裂缝边缘进行妥善处理，做好裂缝口封堵工作，进一步提升道路桥梁施工管理裂缝的修复效果。为了保证灌浆法得到有效应用，施工人员需要合理选择裂缝修复浆液，保证道路桥梁裂缝面与浆液有效结合。

第二，对于道路桥梁表面的细微裂缝，如果采用灌浆法，则会降低裂缝的修复效果，因此，施工人员要结合道路桥梁表面细微裂缝的分布情况进行合理的修复，可以在裂缝表面贴补混凝土，由于混凝土具有良好的防水性能，将其贴补到裂缝表面能够将空气与裂缝阻隔开，对道路桥梁结构整体性起到良好的保护作用，有效提升道路桥梁裂缝修复效率。

第三，针对道路桥梁荷载裂缝，施工人员要采用先进的裂缝修补方法进行修复，可以采用预应力法与结构固定法进行修复，保证道路桥梁外观的美观性，提升道路桥梁结构的可靠性。如果道路桥梁荷载裂缝比较大，施工人员也可以采用锚固补充法进行修复，先对道路桥梁裂缝结构进行锚固，再对道路桥梁表面进行裂缝修复，以提高道路桥梁工程的施工强度。

本节通过详细介绍裂缝预防措施、裂缝修复措施实施要点，能够帮助道路桥梁工程中的施工管理人员更好地了解裂缝分布特点，提升道路桥梁裂缝的修复效果。对于道路桥梁工程中的施工管理人员而言，要不断学习先进的裂缝修复方法，提升自身的施工管理能力，保证道路桥梁工程中的裂缝得到妥善处理，推动我国道路桥梁工程的稳定发展。

第四节　道路桥梁施工管理工作的研究

近年来，我国的经济飞速的发展。在现代的经济发展中，交通运输和物流发挥着重大的作用。交通运输离不开道路桥梁的施工，完善合理的道路就像血管一样为各个地区输送着新鲜的血液。为了保障国民经济的发展，促进社会的进步，保质保量地完成道路桥梁的施工就变成了非常重要。另外，施工的速度和成本的控制在工程量巨大的今天也需要控制，综合来看，在施工的过程中，技术固然重要，但是管理对于工程的整体也是至关重要的。

一、工程项目的整体管理

目前的工程项目都是一些庞大的任务，必须要有科学的管理，以前很多的盲目的管理，对于工程的整体规划还有一些不和谐的因素。对于工程项目的整体管理，分为三个部分来执行是比较合适的，分别是整体的规划、分阶段的目标制定以及施工过程的进度监督这三个部分，下面具体地介绍一下。

（一）工程项目的计划制定和综合协调过程

随着工程工作量的加大，项目涉及的部分也在不断地增多。如何把众多的部分整体协调地调动起来，以最大的效率完成整个的工程项目是管理工作的重要内容。在科学协调管理的方面，需要有两个方面的注意事项：一是要有一个整体的管理框架，根据以前的施工经验和项目的具体工作内容，实事求是地做好整体的框架安排，明确各个部分的责任和协调工作的流程。这是管理过程最基础的部分；另外一个方面是，现在的工程涉及的影响因素非常的多，任务目标的规划不能过分地死板，否则一个部分出现问题会影响整个工程的进度和质量。为了解决这个问题，在管理的时候要有一定的灵活裕量，方便基层的管理人员根据情况及时的做出调整。为了协调各个部门之间的工作，在材料、劳动力、设备的管理方面都要做好相应的安排。

（二）工程项目各个阶段的任务规划

要想做好一个项目，必须要注意细节。上边提到的是宏观的安排和部署，但是在实际的过程中都是由一个个的小目标组成的。第二部分就是工程项目各个部分的规划。在项目中，一般分为施工准备、施工过程、竣工验收以及交接后的质量保障这几个部分。在各个阶段的维护中，要从项目的具体内容出发，结合管理经验，将工作的内容具体化，不能是一带而过的安排。对于工作的细节作出部署，人员的职责上精确到人，每项工作都要有指定的责任人。在各个部门职责的安排上，要适当地做好分配工作，既要方便施工也要各个部门之间相互制约和监督，避免责任事故的发生。最后，要设立相关的责任监督和信息反馈机制，要根据出现的问题及时地在管理方面做出调整，适应项目的情况。

（三）工程项目的过程控制和进度的监督

一个完美的部署如果没有可靠的执行也是不行的，所以第三个部分是施工过程的监督和管理。在这个部分也是两个方面的重点：一是要管理施工的进度。工期在施工的管理中是一个非常重要的方面，分阶段的做出监督，避免到最后的时候发现不能竣工。二是要监督施工过程中工程完成的质量。施工的过程是环环相扣的，路基的环节出现问题，必定会影响工程的整体质量，轻的话会造成工期的延误，严重的时候会导致出现后果比较严重的责任事故。管理工作的内容是需要及时地了解工程的进展和完成的质量，保障完成的部分都是合格的。在施工的过程中如果出现图纸变更这样的情况，需要及时的联系，对于原材料的供应等问题都需要妥善的解决。

二、道路桥梁施工的质量控制和管理

施工的最终目的是建成一定规格质量的工程，更好地服务社会。所以工程的质量必须要切实的保障，不能以牺牲工程的质量为前提来加快工程的进度。

（一）施工前准备工作的质量控制

施工的管理者不是施工的执行者，所以在施工前的准备工程中要做好精神的传达工作。强化工人的责任意识和质量意识。从中层管理到基层管理和施工的工人，每个人都要牢固树立质量意思，在施工的过程中不能怕麻烦而偷工减料。对于全员的质量教育工作一定要保障到位。

（二）施工过程的质量控制

对于管理工作而言，施工过程的质量控制是两个方面的内容：一方面，管理工作要有一个合理的规章制度。没有规矩不成方圆，在工程的开始就要制定相关的规章制度，在没有特殊情况的时候，要按照制定的规章制度办事。质量保障制度的建立是保障质量的先决条件；另一个方面是要落实指定的规章制度。不执行的规章制度和废纸是没有区别的，在施工的过程中，安排不定期的抽查，结合定期的检查，并安排一定的奖罚制度，可以保障规章制度的可靠执行。

（三）施工进度的控制

施工进度的控制是保障工期的一种重要方式。在施工进度的控制问题上，要根据现场的情况，定时跟踪工程的完成情况，核实工程的完成情况和质量，在一定的限度内，要尽量增加检查的频率，这样方便及时发现问题。当进度偏慢或者质量不达标的时候，要和相关的技术人员及时开会讨论解决的办法。合理的调度保障工程的进度。

（四）施工成本的控制

施工单位作为企业，完成工程的最终目的还是要有一定的盈利。为了竞标要压低价格，所以如何科学有效地降低成本成为增加盈利的一种重要方式。下面分为三个方面，详细地介绍一下。

1. 在施工工艺和工序的安排上做文章

在科技发展迅速的今天，施工工艺的发展和工序的改善取决于科技的进步。一般情况下，运用先进的施工工艺和合理的工序，在一定的程度上可以降低施工的成本。这样要求在施工的时候要尽量地关注科技的发展，利用新型的技术，采购一些效率比较高的设备，这都是降低成本的方法。

2. 在施工的进度和质量上做文章

施工的进度和质量的保障也是降低成本的方式。在较短的时间内完成一个项目可以让企业投入到其他的项目中去，另外，以较短的时间完全可以降低工人的成本，工人的工资一般是按照时间结算的，所以，时间越短，工人的工资部分就越少。此外，如果工程的质量得到了保障就没有重新地施工和修复工作，这也是降低成本的方法。

3. 在原材料方面做文章

原材料的开支是工程开支的一个重要方面，要想办法降低原材料的价格。在购买原材料的时候要货比三家，选择质量合格而且价格低的厂家购买。在原材料的使用和运输过程中，要尽可能地减少浪费，适度地减少原材料的用量，这就可以节省出一部分钱来。

三、施工过程的安全管理和控制

最后一个部分是至关重要的一部分，这就是安全生产。安全生产是我们提倡的一种理念，为了保障安全生产，要做好以下几个方面的工作：①做好足够的安全教育工作，不能有麻痹大意的心理。②在醒目的位置悬挂警示标语，时刻提醒工人注意安全。③根据施工的具体情况，安排合理的制度和工序，确保在正常施工的情况下不会发生安全事故。④设立适当的监督，及时发现危险，防患于未然。

道路桥梁的施工管理非常重要的，管理是一个涉及方方面面的问题。根据现场情况的反馈，管理的手段和方式内容也需要不断完善，做到与时俱进，适应时代的发展。作为管理者也要不断地研究学习，以更加完善的管理来面对可能发生的问题。

第五节　道路桥梁施工管理的优化

在目前为止，受经济发展水平迅猛增长的影响，我国城市化进程不断加快，与此同时，也带动了交通运输行业的快速发展。在此基础上促进了我国交通建筑行业的发展，主要包括道路桥梁建设的发展。从某种角度来看，建设道路桥梁工程是很重要的，就人类出行来看，就对人类出行交通方面起到了很大的积极作用。另外，道路桥梁的良好的发展态势也间接的反映了我国城市化进程的加快，以及人民生活水平的提高，甚至于反映了我国国民经济发展水平的提高。所以，在道路桥梁施工工程进行工作之前，每个单位或者每个企业都应有着充足的准备工作，在准备期间应提早掌握各种情况，并且提前做好准备，制定好合理的策划。在施工之前就制定出一个好的策划是必不可少的，这有利于施工工作的顺利开展，同时，也促进了施工更好地进行下去，在策划的指导之下。一份优秀的策划不仅有利于施工的顺利开展工作，同时，在施工过程中，也能最大程度地为企业施工节约成本，提高资源利用效率，为企业减轻经济负担。做好之前的策划准备工作后，就要考虑施工进行过程中出行的种种问题了，在施工进行过程中，要仔细做好监督工作，合理针对具体情况制定出不同的详细的解决措施。

一、影响因素

（1）首先，施工过程中会受到施工所需用到的材料问题影响。不管进行什么工作之前，都应在材料准备工作上多下功夫，在施工工作开展之前，应仔细认真地妥善选择好所需的材料器材，尤其是用于建筑的材料的选择。如果前期在建筑上材料的选择出行了问题，质量不能得到很好的保障的话，那么建筑物或者说是道路桥梁的建设一定不会符合国家的标准，导致出现不合格的情况。就当前情况来看，单从我国来看，我国建筑行业市场提供的供施工使用的材料普遍不太合格，且有很多产品不符合国家标准，存在着或多或少的质量问题。以市面上经常出现的瘦身的钢筋材料为例，经过特殊处理的钢筋在其外形上是达到了要求的瘦身处理，但也存在着严重的质量问题，一旦投入使用，势必会引起严重的后果。如果企业在选择材料上盲目选择不考虑质量问题，就会直接影响后期道路桥梁工程的整体效果，严重情况下会导致工程因质量问题出现重大事故，造成无法挽回的损失。

（2）受人为原因的影响。在人为方面出现问题的话，主要问题将会出现在高层指挥人员，行政监督人员，以及施工工人身上。在这些与建筑施工息息相关的人身上，有很多人并不懂工程的具体事项，只凭感觉进行工作，普遍会出现专业素养低的情况，从而造成工程施工进展缓慢甚至于出现问题。近年来我们国家的建筑施工工程行业不断出现问题或者故障，在很大程度上是由于相关的工作人员，管理人员，执行人员普遍专业素养偏低导致的。就施工的工程管理人员来说，他们在工程施工过程中起着较大的影响作用，他们专业素养的高低也很大程度上决定了工程是否可以顺利完工，以及工程是否能够安全高效的进行下去。

（3）受机器设备影响程度较高。就企业在选择工具来看，机械设备的选择是不可避免的。在很大程度上，选择良好的机械设备能够极大地促进工程的进展。这是因为优秀的机器设备不仅自身具有较高的工作效率，而且工作过程时间较为节约，促进了过程进展。但是，对于机械设备的使用方面，也要注意很多的问题，首先，机械设备不同于人工的方便管理，在一定时间内，要对其进行检查维修工作。另外，在平时的使用过程中也要注意及时保养工作，保证机械设备完好无损以便下次使用。

（4）受外界环境影响。受外界大自然环境的影响，施工队在进行道路桥梁的施工过程中需要面临很多的考验与挑战。首当其冲的就是受到自然环境的影响，在自然风吹、日晒、雨淋等环境的影响下，就加大了施工的难度。

二、主要解决措施

（一）对混凝土的标准进行严格要求

最重要也是最先进行准备的工作是要仔细选择施工需要的混凝土。在选择过程中要仔细考虑到混凝土中水泥的质量情况。在满足其标准的同时尽量选择质量较高的水泥用于施工过程中。第二，在施工过程中，在施工进行的过程中，相关工人必须按照强度等级抗渗等级配比混凝土，还要充分地控制好混凝土入模时的温度，进行分层浇筑以及设计合理的养护措施，通过在混凝土表面覆盖草席草帘等确保降低温度应力，避免混凝土出现温度裂缝；再次，在浇筑混凝土时一定要振捣充分，尤其是腹板内预应力管道比较集中的地方更要做到不欠振不漏振，确保混凝土浇筑密实。

（二）质量工作要严格把关

第一，施工企业在开始施工之前应提前做好准备工作，在施工之前做好勘探测量的准备工作。在进行放线去确定位置的步骤时不能出现错误以及大的误差，在进行过程中，尽量做到准确严密，避免因过大误差引起工程差错。在进行道路桥梁架设工程时，首先要进行建设桥墩，然后在此基础上；其次，由于桥梁结构形式很多，施设计好桥面的位置以及平整程度，着重对桥面工作进行处理。这个过程对工人的技术要求比较高，对其技术能力考验较大，因此，这就要求工人拥有良好的专业技能以及能够进行较高的操作。所以，施工企业在施工过程中必须严格，一定要认真准确的按照设计进行行动处理，从混凝土的振捣、养生到预应力的张拉等都要严格管理和控制，以确保桥梁结构的承载能力。另外，还要着重注意桥梁外观的美观平滑，不能出现由于施工手段的缺陷或混凝土振捣不均而引起的外观质量欠缺。

道路桥梁的设计工作以及施工过程还需要更完善的处理，同时，也要求更好地优化措施，从而更好地促进工程建设以及社会的城市化进程。

第六节　道路桥梁施工管理控制要点

在论述道路桥梁项目控制要点的基础上，结合实践经验和道路桥梁的施工与使用要求，分析道路桥梁施工管理要点，提出包含加强施工安全管理、构建完善的质量保证体系、加强质量控制管理、优化施工环境条件等在内的具体措施，以促进公路建设持续发展。

道路桥梁是公路工程的重要组成部分，也是常见的混凝土工程类型之一。如果道路桥梁施工管理不到位，则容易产生裂缝等一系列问题，不仅影响桥梁质量，还有可能引发安全事故。因此，必须对桥梁施工管理给予足够重视，根据桥梁施工特点，明确施工管理的要点和方法。

一、道路桥梁项目控制要点

（一）进度控制

施工前项目部需对工期进行倒排，同时制订进度计划表，明确施工主要线路与影响进度的重点工序，将二者作为进度控制的关键。在施工中，严格按照进度计划进行操作，编制完善的阶段性计划网络，并对计划完成情况进行检查。

（二）技术管理

道路桥梁的施工技术要求很高，并且在施工中还需充分考虑地形、地质与气候等外界环境因素，通过技术调整克服各种施工难题，这对顺利完成项目十分重要。基于此，项目部需要成立一个专门的技术攻关小组，一方面根据工程实际情况，结合桥梁设计和使用要求，制订合理的技术方案，为施工提供可靠技术支撑；另一方面要始终坚持创新，改进现有施工技术，推广新技术，全面提高施工技术水平。

（三）质量控制

质量控制是道路桥梁项目控制的关键所在，如果施工中缺乏有效的质量控制，极有可能造成裂缝等质量问题。以裂缝为例，裂缝在道路桥梁等混凝土工程中十分常见。裂缝一旦出现，不仅降低混凝土强度，缩减承载能力，而且在持续受力状况下还会造成变形、坍塌等事故。但混凝土裂缝可保持在标准限度以内，则不会对结构性能造成太大影响。

混凝土裂缝成因有以下几种：

（1）材料存在质量问题，如水泥标号过低，存放时间长，导致水泥发生变质，或受潮导致性能降低；骨料质量低下，为降低施工成本，对骨料实行就近开采，未经检验直接在施工中使用等。

（2）混凝土配比不合理，存在较大随意性，仅凭借个人经验未能按照规范的要求实施配比操作。

（3）浇筑施工中未对混凝土进行有效振捣，或振捣过猛，导致浇筑不均匀，骨料集中、沉塌，而且在养护以后还会出现麻面与蜂窝。

（4）浇筑完成后，水泥放出水化热致使内温急剧上升，热量无法排除造成较大内外温差，形成温度应力，当温度应力超过混凝土极限后出现温度裂缝。

为了避免裂缝问题的发生，必须强化质量控制工作。首先，做好原材料的抽检工作，材料进场前后都要进行抽检，未经抽检或抽检不合格的材料禁止进场使用，以此避免因材料问题引发的质量问题；其次，项目正式开工以后，项目部需将工程目标作为指引，逐步形成以优质、安全和高效作为核心的指导思想，开展质量控制活动；最后，还需建立一套系统的质量与安全管理体系，完善管理制度，以确保工程质量。

（四）安全控制

构建一个以项目经理为核心的施工安全领导小组，根据项目施工实际情况采取有效的安全技术措施，同时对可能形成危险源的施工环节进行准确评估，在施工中严格把控安全问题。要将施工安全放在重要地位进行管控，确保安全施工方面的费用专款专用，通过培训与教育使全体工作人员都树立良好的安全意识，避免不规范操作的发生。

二、道路桥梁施工管理要点及措施

（一）加强施工安全管理

（1）确保施工组织安排的合理性，避免施工人员超负荷工作。道路桥梁施工人员本身工作强度较大，如果施工安全组织不合理，使人员长时间超负荷工作，将造成安全隐患。对此，可采取轮班制的组织方法，在不影响正常施工进度的同时，确保上岗的施工人员精神状态饱满，以避免由于人员过度劳累造成的安全隐患。

（2）加强技术培训和职业规范教育，提升全体施工人员专业素质，强调施工操作规范性对确保施工安全和避免安全隐患的重要性，以此减少人员误操作等原因引发的安全问题，并起到加快进度的作用。

（二）构建完善的质量保证体系

（1）施工质量与人员息息相关，施工单位可采取完善的奖罚制度的方式来激发员工工作积极性，严厉处罚施工中可能影响质量的行为，如违规操作、擅离职守与偷工减料等；而对工作态度积极，并能按要求严格落实质量保证措施的员工，则要给予适当奖励。

（2）除施工人员以外，各类机械设备也是影响施工质量的关键要素，所以必须做好养护与维修工作。机械设备养护、维修虽然由专业机修人员负责，但机械设备的操作人员也要给予充分配合，在操作机械设备时认真观察，若发现异常，应及时上报，以此避免质量问题的发生。

（三）加强质量控制管理

（1）发挥试验检测对质量控制的重要作用。在施工中，应在施工现场建立一个完善的驻地实验室，同时配置各类试验仪器与专业试验人员。实验室需要实行制度化管理，健全报告反馈制度，将试验数据作为依据确保施工质量。

（2）强化施工验收。工程监理应充分发挥其作用，强化施工检查验收，按照技术规程组织施工，每道工序完成以后需在检查确认合格后才能进行下一道工序，做好工序交接记录。深入分析实际存在的问题，对已经完成的分项要在自检以后转交至监理方进行二次审查。

（四）优化施工环境条件

1. 采光照明方面

道路桥梁施工露天作业，白天可借助自然光进行施工，无须设置额外照明设备，但要注意在关键部位和危险部位设置醒目的识别标志；夜间若有施工任务需配置充足的临时照明设备，施工前进行照度检测，检测合格后即可安排施工。

2. 环境温度方面

夏季时，应尽量避免在中午、下午等高温时间段施工，将一天内主要的施工任务安排在早晨和傍晚进行，以免在高温环境下作业导致施工人员中暑，引发安全问题。冬季则与夏季相反，应将主要施工任务安排在高温时间段进行，并且当环境温度低至不适宜施工时，应临时停止施工直到温度升高后继续施工。

3. 现场环境方面

道路桥梁施工现场不仅有大量施工人员、车辆、设备与材料，而且施工中还会产生飞尘与噪声，导致现场环境十分恶劣。为了降低现场环境对施工人员造成的不利影响，确保施工质量和安全，一方面要加强现场环境管理；另一方面要做好施工人员安全教育，佩戴安全帽等防护装备，并通过技术改进减少飞尘与噪声。

道路桥梁作为典型的混凝土工程，容易出现裂缝等质量问题，此类问题虽然和施工有直接关系，但基本上都是由于施工管理不到位造成的，尤其是缺乏有效的质量控制。对此，在道路桥梁施工中，首先要明确项目控制的重要意义，认清施工管理的各项要点，然后采取有效措施全面强化施工管理，以在确保进度、安全的基础上提高施工质量。

第七节　道路桥梁施工管理养护及加固维修技术

近些年我国交通事业发展加快，现代化交通量逐步增加，交通荷载不断扩大，对道路桥梁承载力提出了更高的要求。所以当前强化道路桥梁施工管理养护以及维修加固是相关部门关注的重点问题。在施工管理以及加固维修过程中，相关施工部门要全面掌握道路桥梁基本现状，针对性应用不同施工技术与加固措施，提升道路桥梁施工安全性，提高道路桥梁结构稳定性，保障当地交通运输事业能稳定发展。

我国道路建设在最近几年发展非常迅速，然而国内不少的公路桥梁已经出现了损坏，对行车产生的影响非常大，除了导致舒适性降低外，交通安全也难以得到切实保证。

近些年我国城市化进程逐步加快，道路桥梁工程施工建设范围在逐步扩大。在公路基础项目建设中道路桥梁是重要组成部分，其长期应用中受到外部荷载作用以及环境要素等影响，其应用质量逐步降低，对交通运行安全性具有较大负面影响。通过规范化的道路桥梁施工管理养护与加固维修能有效提升桥梁安全性，对广大群众人身安全构成有效保障。公路桥梁在应用中会发生不同问题，因此，必须要在保证结构稳定的前提下完成结构检测工作。对工程进行养护时，必须要对项目成本予以重点关注，确保施工管理能够真正落实到位。在当前时期，公路桥梁建设的具体要求提高了很多，管理养护、加固维修则是其中的重点所在，同时也是全面提升项目安全性的重要保障。

一、道路桥梁施工管理养护特点

从道路桥梁施工管理养护现状来看，在公路桥梁设计过程中需要拟定规范化设计标准。在道路桥梁工程养护阶段，养护操作具有强制性特征，道路桥梁项目建设在现有交通运输网中占有重要位置，所以项目养护过程中要严格遵循各项规范化要求。公路桥梁在施工管理养护过程中，养护对象较多，具有广泛性与全面性特征。要对道路以及桥涵多个结构进行养护管理，还要对项目诸多服务性设施进行全面养护。在养护中各项措施应用具有主动性与时效性特征，需要严格依照规定操作程序进行控制，其次养护技术应用专业性较为突出，在各类新材料与新技术工艺应用中，各项综合性养护成本较高，对施工技术人员与管理人员综合素质具有较高要求。

二、道路桥梁施工存在的不足

众所周知，道路桥梁施工呈现出明显的综合性特征，整个施工的周期是较长的，所要投入的资金也很大，要依据施工需要选择最为合适的施工技术，对施工质量展开有效的管控，如此方可使得施工质量、施工效益得到切实保证。然而从当前施工的现状来看，有些施工人员的责任意识是薄弱的，管理制度形同虚设，这就导致施工效果无法达到预期效果。

（一）管理技术不足

在道路桥梁施工的过程中，相关的管理工作是不能有丝毫懈怠的。然而从当前施工的现状来看，有些人员的责任意识十分薄弱，有些施工单位并未构建起可行的管理制度，管理技术的应用也不到位，这就使得施工管理呈现出无序的状态，工程质量也就无法得到有效保证。

（二）养护技术不足

在出现质量病害时，要在第一时间进行修复，同时要将养护施工予以有效落实，这样才能确保道路桥梁的结构更为稳固。然而有些养护单位对于管理是不够重视的，从事养护工作的相关人员也未掌握专业知识，还有就是投入养护施工中的资金无法满足需要，这就使得养护施工的水平难以达到预期目标。

（三）加固维修技术不足

质量病害的修复、加固是十分必要的，若想使得修复工作有序展开，从事养护维修工作的相关人员就必须要具备一定的综合技能。然而，不少的维护人员并未掌握维修技术，这就使得加固维修的实际效果无法得到保证，这样一来，质量病害的修复效果也就难以达到预期，道路桥梁的实用性也就变得较为低下。

三、公路桥梁加固维修策略

（一）桥体裂缝处理技术

在道路桥梁施工的过程中，细小的裂缝是较为常见的，如果施工人员对此不够重视的话，那么在投入使用后，在自然因素、车辆运行的影响下，裂缝就会变大，严重时还会发生断裂。所以说，必须要对桥体裂缝予以重点关注，并采用可行的技术进行处理。首先要通过喷涂的方法对表面进行处理，并使用具有一定伸缩性的材料对裂缝予以涂抹，这样可避免雨水造成严重的侵蚀。在对细微的裂缝进行修复时，此种方法是较为适合的，也就是通过黏度较高的浆液对裂缝表面进行喷射，这样就能够形成保护层，实现裂缝的修补。其次可采用注浆、填充法，如果裂缝较大的话，采用表面处理法难以取得理想效果，就要通过注浆、填充的方法来进行处理。一般来说，用于填充的材料主要是水泥材料、抗氧化树脂材料等。再次是要使用黏结钢板封闭法，桥体产生主拉应力裂缝，导致结构变得不够稳定，在对其进行处理时，就可通过黏结钢板来予以加压处理。

（二）加固混凝土结构

在开展混凝土结构施工的过程中，要将损害混凝土予以清除，如果损害面积较大的话，应该使用的是高速射水法，并要通过黏结材料来予以封涂处理。如果损害面积并不大的话，应该通过手工方式来进行清除，锈蚀钢筋的处理一定要做到位。如果损害面积很大，而且呈现出一定的深度，对缺损部位进行清理时，要将手动、气动这两种方法结合起来，也就是先完成清洗，继而修补缺陷的部位。

（三）加固墩台基础

对墩台基础进行加固时，要依据实际情况来进行维修。如果水位在 3 cm 以上，要对可能出现的损害展开排查，如果深度在 3 cm 以下，则通过套箱来完成修补。墩台采用的是刚性基础，应该要对基底的底部予以适当增加，对墩台主体进行加固时，则应该在上部、中部以及下部加设三道混凝土围，使得主体变得更为稳定。

（四）桥梁加固技术

为了及时地修补公路桥梁的裂缝现象，应该对其表面进行处理，在裂缝表面涂抹填料以及防水材料，提高其防水性，延长其使用寿命。另外，对于宽度较大的裂缝，可以采用有伸缩性的材料进行填补，也可以采用注浆的办法，在裂缝内注入树脂或者是水泥类的材料，加固桥梁，以提高公路桥梁的承重能力。

（五）基础加固维修技术

保证道路桥梁基础牢固是非常关键的内容。因此，应该重视桥梁桩基础维修加固，注重施工现场勘查，掌握现场施工基本情况，严格按要求进行施工和维修加固。在施工过程中应该严格把握质量控制和技术控制要点，保证原材料质量合格，增强桩基础的稳固性与可靠性。对存在的质量缺陷，有必要及时地采取加固维修措施，最终保证桥梁基础牢固与可靠，让道路桥梁工程更好地运行和发挥作用。

四、公路桥梁施工管理与养护技术

（一）完善施工养护制度

制定健全的养护制度，为有效开展道路桥梁养护施工提供指引。明确养护人员具体职责，增强他们的责任意识，促进道路桥梁养护施工水平提升。

（二）加大养护资费投入

桥梁养护工程是维持桥梁正常运营，延长使用寿命的重要措施，各级交通主管部门需要投入一定的养护资费，其中，在每年的养护工作计划中，都要为桥梁的检查、维修和加固工作保留一定的资金，以备修缮需求。国家对桥梁工程投资重点的倾斜及工程项目集资渠道的多元化，能够为我国公路桥梁工程的发展提供有力保障。

（三）桥梁养护施工管理队伍建设

我国的桥梁养护队伍目前仍然不够成熟。工人的专业素质参差不齐，专业养护难以完全做到。因此，各级公路部门要高度重视桥梁养护工作，针对养护具体需求培养专业的人才队伍，努力实现专业人员、专门程序和专用方法，将养护管理工作部署到位，能够及时发现和处理各种突发事件，组建一支专业的养护维修团队，能够对桥梁工程进行专业的日常养护，具备进行桥梁小修的能力，向能够进行中修和大修的方向努力。

公路桥梁的维护管理工作一直是桥梁工程关注的重点内容。公路桥梁的管理养护，需要定期对桥梁进行全面评估，及时发现和修缮桥梁病害，控制养护管理，降低养护成本，延长桥梁的使用寿命，确保桥梁工程的质量安全和使用性能。

第八节　预算定额在道路桥梁施工管理中的应用

对预算定额进行概述，分析了预算定额在道路桥梁施工管理中的应用，包括在合同、费用、进度以及质量管理等内容，指出了预算定额在道路桥梁施工管理应用过程中存在的问题，提出了几点建议，旨在提升道路桥梁施工管理水平。

在道路桥梁建筑工程项目施工过程中，对于建筑企业，整个建筑项目推进的最终目的是实现经济效益的增长。在这一基础上，要有效实现现阶段的建筑企业的施工目标，针对道路桥梁工程开展有效预算定额管理对建筑效益的增长有重要的促进作用。但是，在现有的道路桥梁施工管理过程中，预算定额管理过程中还存在很多不足之处亟待改善。

一、预算定额的概念

预算定额主要是指在道路桥梁工程的正常施工状态下，按照固定形式的计量单位进行工程项目的施工推进，从而得出最佳的分项工程所需的人工、材料、机械台班消耗和价值货币表现的数量标准。该标准的得出，在很大层面上为后续施工制图提供了数据支撑，进而整理出工程造价、劳动量、机械台班以及材料的具体使用量的相应定额。据此能够发现，预算定额的规划管理过程中，以道路桥梁为研究对象时，必须提前将人工、材料以及机械台班的具体使用数量计算出来，然后按照道路桥梁工程的相关施工要求将计算出的数据参数纳入预算定额管理内容中，编制为施工标准手册，该手册便是整个道路桥梁工程施工期间的作业参考依据。

二、预算定额在道路桥梁施工管理中的应用

（一）在合同管理中的应用

在道路桥梁工程中，合同管理工作的开展是其中一项十分重要的管理构成部分，该工作的推进，可以有效地将工程项目推进过程中各项施工责任与权利义务划分清楚，从而大幅度降低违约事件的发生概率，更好地保护施工参与合作方之间的经济效益。在道路桥梁工程的具体合同管理工作开展期间，首先要明确的是合同的定价，严格将合同中的管理规定内容落实到投标报价、工程分包以及外包工作中；同时，还应做好相应的市场调查工作，了解实际的建筑材料价格，降低工程的投资成本，在此期间，还要加强财务核算以及统计管理工作，控制道路桥梁的造价，防止资金浪费。

（二）在费用管理中的应用

在道路桥梁工程的费用管理过程中，作为施工方，应将预算定额的管理作用充分地发

挥到施工过程中，与工程的基本施工状况相结合，提前制定相应的成本、考核等计划，为后续工程施工提供便利条件。当然，在此期间，作为预算定额的管理人员，应详细调研在人工、材料以及机械方面的具体消耗数据，了解项目费用的应用去向，继而按照调查出的实际需求合理分配相关的费用支出。另一方面，工程的总负责人还要重视预算定额的作用，通过该内容制定更加合理的人工、材料、管理等费用支出，实现对工程建设的全局管控。

（三）在进度管理中的应用

在道路桥梁施工管理过程中，开展有效的进度管理工作，不仅是对施工任务顺利完成的一种保障，同时也是提高工程效益的保证。此时，工程管理人员除了要先制定相应的施工进度计划表，还要将预算定额的作用融入计划中。具体而言，在施工管理期间，要通过预算定额方案的运用合理规划施工进度，当工期发生变化时，要按照变化内容及时总结出相应的项目成本支出数额，并分析整理工期变化带来的各种影响。

（四）在质量管理中的应用

在道路桥梁工程的施工建设过程中，质量管理是整个管理工作的核心，而预算定额又是工程财务管理的重点，因此，从事预算定额的管理人员自身的能力水平成为制约预算定额管理的关键因素。为了有效地提升工程施工质量，必须在确保成本最低的情况下保证施工质量，此时预算定额管理方法的应用可以实现这一目标，也可以帮助工程质量管理人员更好地掌握工程的实际成本控制状况。

三、预算定额在道路桥梁施工管理应用过程中存在的问题

在道路桥梁的施工管理过程中，预算定额管理方案的应用，在很大程度上提升了整个工程项目的管理效率。但是，在实际的管理工作开展期间，施工人员责任心有待提高、自身技能水平不够都抑制了预算定额管理方案应用价值的发挥，其产生的问题主要表现在以下几方面。

（一）预算定额处理能力有限

在道路桥梁工程施工前，工程设计人员进行预算定额的编制时，由于受到编制工作经验有限的影响，编制出的内容多数是从以往的施工案例分析中整合出来的，因此，应注重既往案例的借鉴与考察结果。这种情况下编制出来的预算定额通常与工程的实际施工内容、建设目标存在偏差，适应能力十分有限，最终导致工程造价控制工作的开展效果受到严重影响。

（二）现有监督管理体制不完善

按照我国现有的相关法律法规，在工程中标承接企业正式开展道路桥梁工程项目施工之前，必须严格按照工程的相关施工规范和要求制定符合本工程的预算定额方案，借以提升对工程成本的控制效果。但是，部分企业为了在施工过程中获取最大的经济利益，实现

净利润的增长，并未按照国家相关要求制定系统完善的预算定额计划书以及相关施工管理方案。另一方面，在部分道路桥梁工程的施工现场，缺少相应的施工监管体制，导致无论是施工管理人员还是一线作业工人，均将效益获取放置在施工要位，从而罔顾对于施工质量的管控。

四、预算定额在道路桥梁施工管理应用问题的解决办法

（一）注重预算定额监督管理体制的完善

在道路桥梁工程的施工过程中，要充分提升工程管理工作的开展效率，为施工提供相应的安全保障和经济效益保证，重视工程项目的预算定额监督管理工作非常重要。在此期间，作为工程的管理人员，要充分地发挥预算定额管理的作用，实时掌握工程的施工具体状况及施工技术应用效果，面对质量层面出现的缺陷问题，必须严格按照预算定额编制的内容进行整改。在控制施工进度的过程中，应高度按照工程预算定额编制的施工设计方案进行进度规划，以确保工程按时完工。另一方面，作为工程预算定额管理人员，还应提升合同管理能力，严格履行自身的工程管理责任，降低施工索赔问题出现概率，为项目工程施工降低损失。

（二）注重对材料成本的控制

对于道路桥梁工程，综合所有的施工成本，材料采购的成本占比约为总成本的 60%，在这一基础上，为了确保工程的投建经济，提升建筑效益，作为工程的预算定额管理人员，要在施工现场做好相应的施工材料管理工作，杜绝材料浪费问题。与此同时，还应管控好相应的材料采购工作，提前进行材料市场价格调研，采购质量合格、价格低廉的材料，确保材料满足施工需求的同时，实现对施工成本的有效控制。

在结合具体施工项目的基础上，还应将预算定额管理方案有效融入管理过程中，借以提升对工程作业期间诸如合同、费用、进度等方面的工程管理水平，为我国整体的道路桥梁施工管理能力及水平优化奠定坚实的基础。

参考文献

[1] 林春练. 高速公路桥梁施工中高墩施工技术应用分析 [J]. 城市建筑，2017(6)：309-309.

[2] 汤发圣. 道路桥梁施工中防水路基面的施工技术分析 [J]. 建材与装饰，2017(25)：19-19.

[3] 牛辉. 公路桥梁施工中软土地基施工技术分析 [J]. 门窗，2017(1)：98-98.

[4] 高洪亮. 预应力技术在公路桥梁施工中的应用及质量控制 [J]. 科技创新与应用，2017，(5)：212.

[5] 潘清其. 高速公路桥梁施工中预应力的应用及存在的问题 [J]. 交通世界（运输. 车辆），2015，(5)：76-77.

[6] 刘成. 公路桥梁预应力混凝土施工中的问题及其处理方法分析 [J]. 广东科技，2013，(16)：146，151.

[7] 谭虎维. 悬浇预应力连续梁施工控制中结构体系转化分析——以白沙大桥研究为例 [J]. 绿色环保建材，2019(06)：131-133.

[8] 刘志. 预制 T 梁施工技术在桥梁工程中的应用 [J]. 价值工程，2019，38(14)：75-77.

[9] 孙陈锋. 深谷公路桥超大跨径连续钢构梁施工技术 [J]. 价值工程，2019，38(13)：84-88.

[10] 陈焰焰. 大跨度连续刚构桥静力仿真计算及设计参数影响分析 [D]. 长沙理工大学，2015.

[11] 韩梅. 灰色理论在独塔斜拉桥施工控制中的应用 [D]. 武汉理工大学，2016.

[12] 马磊. 大跨度预应力混凝土连续刚构桥计算及施工控制 [D]. 中南大学，2015.

[13] 陈咏锋. 高速公路桥梁工程中的高墩施工技术 [J]. 珠江水运，2019（5）：19-20.

[14] 王峰娟. 公路工程沥青路面施工技术与质量控制策略 [J]. 交通标准化，2014（8）：39-41.

[15] 张克锋. 关于高速公路桥梁高墩施工技术要点探讨 [J]. 山西建筑，2015（11）：175-176.

[16] 肖启艳，李国太. 装配式混凝土结构质量控制研究综述 [J]. 九江职业技术学院学报，2018（3）：21-24.

[17] 王斌成，王美力 . 公路桥梁施工技术的质量控制研究 [J]. 四川水泥，2015（7）：330.

[18] 方慧琴 . 公路桥梁施工技术的质量控制方法研究 [J]. 中国高新技术企业，2015（36）：95-96.

[19] 孙国洪 . 论公路桥梁施工技术的质量控制 [J]. 城市建设理论研究（电子版），2017（1）：220-221.

[20] 尚太峰 . 公路桥梁施工技术的质量控制研讨 [J]. 黑龙江科学，2018，9（15）：128-129.